Collana **Italiano Facile**

3° livello

Italiano Facile
Collana di racconti

Progetto grafico copertina e illustrazioni: Leonardo Cardini
Progetto grafico interno e note illustrate: Paolo Lippi
Illustrazioni interne: Nicotina
Prima edizione: 1994
Ultima ristampa: febbraio 2014
ISBN libro 978-88-8644-002-8

viale dei Cadorna, 44 - 50129 Firenze - Italia
Tel. +39 055 476644 - Fax +39 055 473531
alma@almaedizioni.it
www.almaedizioni.it

PRINTED IN ITALY
la Cittadina, azienda grafica - Gianico (BS)
info@lacittadina.it

-Nota:
A cura di Alessandro De Giuli: pag. 28-54
A cura di Ciro Massimo Naddeo: pag. 7-27 e 55-60

Alessandro De Giuli
Ciro Massimo Naddeo

Mafia, amore & polizia

ALMA Edizioni
Firenze

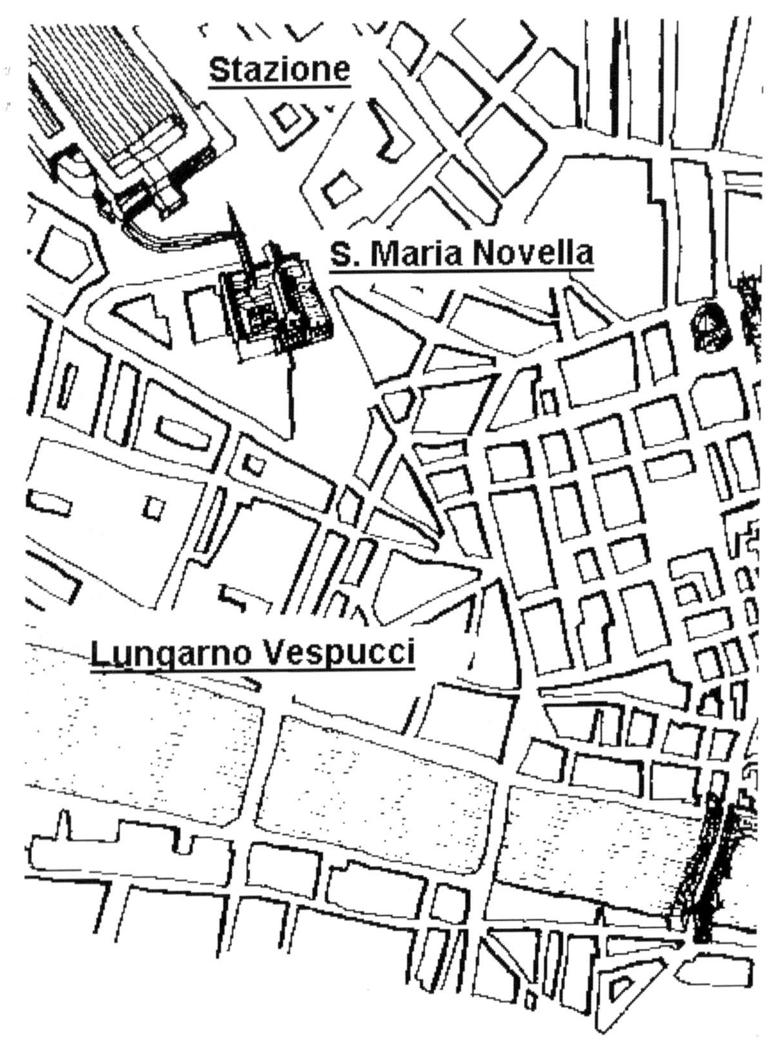

FIRENZE

Duomo
S. Croce
Uffizi
Ponte Vecchio

CAP I

Alla stazione di Amburgo, una mattina di maggio.
-Ciao Hans, come va?
-Bene grazie, sto partendo.
-Vedo. Dove vai?
-Vado in Italia, a Napoli.
-A Napoli?
-Sì, voglio imparare l'italiano.
-Perché proprio a Napoli?
-Perché è una bella città. E poi là ci sono i *99 Posse*.
-Chi?
-I *99 Posse*. Sono un gruppo musicale di Napoli. Fanno una musica molto allegra. Rap mediterraneo, si chiama.
-Pensi di suonare con loro?
-Sì. So che cercano un sassofonista. Ho letto un annuncio su Rockline.
-Allora buona fortuna. Oh guarda, Hans... Quel signore non è Grusser?
-Grusser? Grusser chi?
-Grusser, il capo della polizia. La sua foto è su tutti i giornali.
-Ah sì, adesso ricordo... Ha scoperto che la mafia italiana porta i soldi nelle banche tedesche...
-Sì, esatto. Guarda, sta salendo sul tuo treno. Forse va in Italia per una **indagine**.
-O forse è in vacanza... Oh, il treno parte. Ci vediamo, Kurt.
-Ciao Hans, buon viaggio. Scrivimi una cartolina.

---

indagine: investigazione, ricerca. *Es.: quel libro parla di una nuova indagine di Sherlock Holmes.*

CAP II

In treno, cinque minuti dopo. Hans cerca un posto.

-Scusa, è libero questo posto?

-Sì, non c'è nessuno.

-Allora mi siedo qui, vicino a te. Mi chiamo Hans. Vado a Napoli.

-Piacere, io sono Francesca. Anch'io vado a Napoli.

Francesca ha un viso simpatico. Ha i capelli neri e due grandi occhi verdi.

-Sei italiana?

-Un po'. Mia madre è tedesca e mio padre è italiano. Ma io sono nata in Germania.

-Ho capito. E ora vai in Italia per le vacanze.

-No. Vado in Italia per lavoro. Sono una giornalista. Devo scrivere qualcosa sulla mafia.

-Ah sì? Lo sai chi c'è su questo treno?

-No, chi c'è?

-Grusser, il capo della polizia. Lo conosci?

-Certo. Una volta l'ho anche intervistato. Si occupa della **lotta** alla mafia. Ma come fai a sapere che viaggia su questo treno?

-L'ho visto salire. E' in prima classe.

-Forse segue qualcuno...

-No, queste cose succedono solo nei film. Secondo me è in vacanza.

-Hai ragione. Dopo però voglio parlare con lui. Mi può dare qualche informazione per i miei articoli. E tu, che cosa vai a fare in Italia?

-Vado a imparare l'italiano. E a suonare il sassofono...

-Sei un musicista?

-Sì. Mi piace suonare il rap. Conosci i *99 Posse*?

---

lotta: combattimento, guerra. *Es.: la lotta contro la droga è molto difficile.*

Note

-Certo, sono miei amici.
-Davvero?
-Sì. Ti ho detto che mio padre è italiano. E' di Napoli. Ho molti amici là.
-E' incredibile. Sono partito da cinque minuti e ho già conosciuto un'amica dei *99 Posse*.
Arriva il controllore:
-Biglietti, per favore.
-Ecco il mio...
-Va bene, grazie. Il suo biglietto, signore?
-Un momento...
Hans non lo trova. Guarda nella borsa, nell'agenda e nel portafoglio, ma il biglietto non c'è.
-Non lo trovo... Non mi ricordo dove l'ho messo...
-Prova a guardare nella tasca dei pantaloni -dice Francesca.
-Ah sì, eccolo. Fiuuuh, che paura!
-Va bene, grazie. Buon viaggio.
Il controllore esce.
-Perché mi guardi così?
-Perché per un momento ho pensato: "fine del viaggio". E anche: "addio Francesca".
-Beh, sei ancora qui. Vuoi un po' di coca cola?
-No, grazie. Non ho sete.

Note

CAP III

Il treno corre veloce. Hans e Francesca fanno mille discorsi:

-Francesca, tu parli l'italiano?

-Certo. Parlo il tedesco, l'italiano e anche il napoletano.

-Che cos'è il napoletano?

-E' il dialetto di Napoli.

-Non parlano l'italiano, a Napoli?

-Sì, ma esiste anche il dialetto. I *99 Posse*, per esempio, cantano in dialetto.

-Per questo io non capisco niente. Le loro canzoni sono **incomprensibili**.

-E' un dialetto bellissimo. Lo sai che ci sono poesie, canzoni e opere teatrali in napoletano?

-No, non lo so.

-E che in ogni città d'Italia c'è un dialetto diverso?

-Mamma mia! Come farò a capire?

-Non è difficile. Prima, però, devi imparare l'italiano.

-Hai ragione. Quest'inverno ho seguito un corso ad Amburgo. Non è stato difficile.

-Allora lo parli già...

-L'italiano? Sì, un poco. Senti, è finita la coca cola?

-No, aspetta. E' nella valigia.

Mentre Francesca apre la valigia per prendere la coca cola, un libro cade per terra.

-Che cos'è?

-E' un libro sulla mafia. Mi serve per il mio lavoro.

- «Cosa nostra, 'ndrangheta e camorra» -legge Hans- Che cosa vuol

---

incomprensibili: difficili da capire. *Es.: la lingua araba e la lingua cinese sono incomprensibili.*

dire questo titolo?

-Sono tre nomi della mafia.

-Perché, la mafia ha molti nomi?

-Sì, dipende dalla zona geografica. In Sicilia, per esempio, c'è la mafia più famosa. Si chiama cosa nostra.

-Quella che è anche in America?

-Sì, esatto. Quella di Al Capone.

-Poi?

-Poi c'è la 'ndrangheta, che è in Calabria. La Calabria è una regione...

-Sì, lo so. E' una regione italiana. Si trova sopra la Sicilia.

-Bravo. E' **sulla punta dello stivale**.

-E la camorra che cos'è?

-La camorra è la mafia di Napoli.

-Camorra... Che strano nome. Che cosa vuol dire?

-Non lo so, Hans. Adesso voglio dormire un po'. Ieri sera ho fatto una festa per salutare gli amici. Sono rimasta sveglia fino alle quattro. Ho dormito solo tre ore...

-Okay, okay, ho capito. Ti lascio dormire. Io vado a prendere un caffè al vagone ristorante. Così guardo dov'è seduto Grusser.

-Sì. Dopo andiamo a parlare con lui.

-A dopo, allora.

CAP IV

Nel vagone ristorante, cinque minuti dopo. Hans ordina un caffè:

-Forte e senza zucchero.

---

sulla punta dello stivale: l'Italia ha la forma di una grande scarpa (stivale). Nella parte finale (sulla punta) c'è la Calabria.

Note

Hans lo prende sempre così, forte e senza zucchero, perchè è più buono.

Mentre lo beve, Hans osserva gli altri viaggiatori: ci sono molti tedeschi, soprattutto famiglie con bambini. Ma c'è anche qualche italiano che lavora in Germania e che torna in Italia per le vacanze.

Hans pensa ai suoi viaggi: a sedici anni è andato in Inghilterra, a diciotto in Francia, ora, a ventitré anni, va in Italia.

Prima di partire ha lasciato il suo lavoro al porto di Amburgo: "E' troppo duro", ha detto al signor Henze, il direttore della società portuale.

Quando tornerà in Germania, cercherà un altro lavoro.

CAP V

Qualche ora dopo.

Hans ha bevuto altri caffè. E' rimasto a pensare. Ha osservato a lungo il **paesaggio** fuori dal finestrino. La campagna tedesca è molto bella. Adesso ha deciso di tornare da Francesca.

Quando entra nello **scompartimento**, Francesca sta ancora dormendo Ci sono due nuovi passeggeri: sono italiani, ma Hans non capisce i loro discorsi. Allora decide di leggere il giornale.

-Buonasera, signori. I vostri passaporti, prego.

E' la polizia di frontiera.

-Passaporti?... Ma dove siamo... Che ore sono?

---

paesaggio: panorama, vista. *Es.: dalla finestra della mia camera vedo un bel paesaggio.*

scompartimento: parte del vagone del treno. *Es.: nel vagone del treno ci sono otto scompartimenti, in ogni scompartimento ci sono sei posti.*

-Sono le sei, Francesca. Siamo in Austria. Hai dormito tutto il pomeriggio. Ecco il mio passaporto, signore...

-Grazie. Il suo, signorina?

-Eccolo.

-Avete niente da dichiarare?

-No, niente.

-E voi, signori?

I due italiani non capiscono.

-Ho detto se avete qualcosa da dichiarare -ripete il poliziotto.

-Sono italiani -dice Francesca- Non parlano tedesco.

-Sì, è vero. I loro passaporti sono italiani.

-Puoi tradurre tu, Francesca. Tu parli bene italiano.

-No, Hans... Poi ti spiego...

-Che cosa mi devi spiegare? Non parli italiano?

-No... E' meglio che...

-Non importa -dice il poliziotto- I signori non hanno valigie. Va bene così... Arrivederci e buon viaggio.

Esce.

-Hans, **mi accompagni** a prendere un caffè?

-Sì, così mi spieghi questa storia.

CAP VI

Hans e Francesca escono dallo scompartimento. Attraversano il treno.

-Senti, Hans... Ti devo parlare... Quei due signori...

-Chi, i due italiani?

---

mi accompagni (inf. *accompagnare*): venire (o andare) con qualcuno. *Es.: Mi accompagni a Roma? = Vieni con me a Roma?*

Note

-Sì, sono saliti a Stoccarda, quando tu sei andato al vagone ristorante.
-E allora, che cosa è successo?
-Ascolta... Quando sono entrati mi sono svegliata e non ho più dormito.
- Ma come! Non hai dormito tutto il pomeriggio?
- No. Ho provato a dormire, ma loro hanno cominciato a parlare. Così ho tenuto gli occhi chiusi per ascoltare...
-Io non ho capito niente. Il loro italiano è incomprensibile.
-Sono napoletani, Hans. Parlano il dialetto.
-E' vero! Parlano come nelle canzoni dei *99 Posse*.
Ora Hans e Francesca sono nel vagone di prima classe.
-Oh guarda, c'è Grusser. Vuoi parlare con lui?
-Lascia perdere, Hans. Andiamo nel vagone ristorante. Poi ti spiego...

CAP VII

Nel vagone ristorante, poco dopo. Hans e Francesca fanno la fila per ordinare.
-Che cosa vuoi?
-Un caffè. E tu?
-Io prendo una birra. Ho bevuto troppi caffè, oggi.
-Va bene. Cerca un tavolo libero. Io pago e arrivo subito.
Hans si siede ad un tavolo, vicino al finestrino. Dopo un minuto arriva Francesca, con il caffè e la birra.
-Grazie. Allora, che cosa mi devi dire?
-Hans, i due italiani seduti vicino a noi sono due camorristi.
-Camorristi? E chi sono i camorristi?

Note

-Non ricordi? La camorra, la 'ndrangheta...

-Ah sì, la camorra è la mafia di Napoli... Vuoi dire che sono due mafiosi?

-Esatto.

-E tu come lo sai?

-Ho sentito i loro discorsi. Ti ho detto che non ho dormito...

-Ma allora tu capisci l'italiano?

-Certo. Mio padre è di Napoli, te l'ho detto. Capisco anche il napoletano.

-Ma prima, con la polizia...

-Hans... Prima non ho voluto parlare, quei due non devono sapere che io ho capito...

-D'accordo. E che cosa hanno detto?

-Hanno parlato del **processo** Passalacqua.

-Chi è Passalacqua?

-E' il capo della camorra. **E' stato arrestato** un mese fa in Italia. Ora è stato condannato a trent'anni di prigione. Quei due hanno detto che devono fare qualcosa...

-Vogliono liberare Passalacqua?

-Non lo so, hanno detto che anche Carosi è d'accordo...

-Carosi? E chi è?

-Non lo so, Hans, non lo so. Forse è il nuovo capo della camorra.

-Passalacqua... Carosi... Capo della camorra... Mi sembra di essere in un film. E poi, che cosa hanno detto ancora?

---

processo: azione giudiziaria, pubblica discussione che si fa per giudicare qualcuno. *Es.: il processo ha giudicato che quest'uomo è innocente.*

è stato arrestato (inf. arrestare) : è stato preso, è stato messo in prigione. *Es.: un pericoloso assassino è stato arrestato dalla polizia.*

Note

-Hanno detto che Grusser fa il **doppio gioco**.
-Che cosa vuol dire?
- Vuol dire che è un loro amico. Capisci Hans? Grusser lavora per la mafia!
- Come... anche Grusser è un camionista?
- Si dice camorrista, Hans...Camorrista... Il camionista è l'uomo che guida il camion.
- Va bene, camorrista. Come è possibile? Grusser è famoso per la lotta alla mafia...
-E invece è un mafioso. Senti, dobbiamo fare qualcosa.
-E che cosa vuoi fare?
-Forse Grusser va in Italia per incontrare il nuovo capo della camorra, forse preparano qualcosa...
-O forse tu leggi troppi **libri gialli**... Grusser è un poliziotto famoso. E quei due non sono due camorristi, ma solo due italiani che non capiscono il tedesco. Torniamo al nostro posto, adesso.
-Come vuoi. Ma sono sicura che Grusser è un mafioso.
-Sì, ed io sono Al Capone.

CAP VIII

Hans e Francesca attraversano il treno. Stanno tornando al loro scompartimento.
-Hans...
-Sì?
-Devo andare in bagno. Vai avanti, io arrivo subito.

---

doppio gioco: fare due cose opposte nello stesso momento. *Es: Giorgio fa il doppio gioco, lavora per la polizia e per la mafia.*
libri gialli: libri polizieschi. *Es.: Agatha Christie ha scritto molti libri gialli.*

-Va bene.

Francesca entra nel bagno. Si lava le mani e la faccia. Quando esce, cinque minuti dopo, Hans è ancora là.

-Ah, mi hai aspettato. Sei gentile.

-No, veramente sono arrivato fino al nostro scompartimento. Ma là ho trovato Grusser insieme ai due italiani. Così sono tornato indietro.

-Hai visto che ho ragione? Grusser è amico dei due mafiosi. Ma tu, perché sei tornato qui?

-Non lo so... Ho avuto paura... I tuoi discorsi...

-Ed ora che cosa facciamo?

-E' meglio tornare al nostro posto e fare finta di niente. Forse Grusser ha incontrato due vecchi amici. Che cosa c'è di male?

-Hans, ti ho detto che sono due mafiosi! Perché non mi credi? Ehi, guarda... Sta arrivando Grusser... Ed è insieme a loro... Cerchiamo di scoprire qualcosa.

CAP IX

Grusser e i due italiani camminano verso Hans e Francesca. Sembrano discutere.

-Buonasera, signor Grusser.

-Buonasera, signorina. Lei mi conosce?

-Sì, sono una giornalista. Non si ricorda di me? Sono venuta da lei per un'intervista, una volta...

-Ah sì, ora ricordo... Lei è la signorina...

-Francesca Affatato.

-Sì... Sì... Francesca Affatato... Certo... Mi ricordo... Lei è italiana,

Note

non è vero?

-No, mio padre è italiano. Io sono tedesca. E questo è il mio amico Hans. Hans...

-Lubber. Hans Lubber.

-Piacere. Ho incontrato questi due amici italiani e sto andando a bere un caffè con loro. Non parlano tedesco.

-Lo sappiamo. Sono nel nostro scompartimento.

-Davvero? Che **combinazione**!

-Va in Italia per un'indagine sulla mafia, signor Grusser?

-Come?.. Ah sì... Il lavoro... Sempre il lavoro... Una missione di due giorni... E voi, che cosa andate a fare in Italia?

-Andiamo a imparare l'italiano.

-Imparare l'italiano? Ma... Lei non lo parla, signorina? Con un padre italiano...

-Beh, no... Sì... Cioè...

-Non ricordi più niente, non è vero Francesca? Spiega al signor Grusser...

-Sì, certo... L'ho imparato da piccola, ma ora ho dimenticato tutto... Sono molti anni che non vado in Italia... Mio padre parla sempre in tedesco...

-Ah, capisco...

-Non ricorda più niente -ripete Hans- Ha dimenticato tutto. Anche il napoletano!

-Hans, ma che dici... Io non ho mai parlato il napoletano...

-E' vero, che stupido. Tuo padre è di Milano...

-Già, è un milanese.

Il treno si ferma.

-Che succede? Perché ci fermiamo?

---

combinazione: caso, coincidenza. *Es.: Paolo è andato a Londra e per combinazione ha incontrato Giovanni.*

Note

-Siamo al Brennero -spiega Grusser- E' la frontiera tra l'Austria e l'Italia. Il treno si ferma venti minuti.
-E' vero, è la frontiera. Vuoi scendere con me, Hans?
-D'accordo. Arrivederci signor Grusser.
-Arrivederci. Attenti a non perdere il treno.
Grusser va via con i suoi amici. Hans e Francesca scendono.

CAP X

Stazione del Brennero.
-Secondo te ha capito che io parlo italiano?
-Non lo so, spero di no. Ora non voglio più pensare a questa storia. Guarda, c'è un bar.
Il bar della stazione è ancora aperto. Vende **bibite**, panini e pizze.
-Che cosa vuoi?
-Un panino, grazie.
-Io prendo una pizza. Lascia chiedere a me. Voglio provare a parlare italiano.
-Hans, qui parlano anche tedesco...
-Non siamo in Italia?
-Certo, ma la gente è tedesca ancora per cento chilometri.
-Ma allora chi parla italiano in Italia? A Napoli parlano napoletano, qui parlano tedesco...
Francesca ride. Poi ordina un panino e una pizza.
-Hai visto? Parlano tedesco.
-Hai sempre ragione tu.

---

bibite: cose da bere, sostanze non alcoliche. *Es: la coca cola e la limonata sono bibite.*

Note

-Ecco... Prendi la tua pizza.

Mentre mangiano, Hans e Francesca tornano verso il treno.

-Hans, ti devo dire una cosa.

-Che cosa c'è ancora? No, aspetta... Ho capito... Il barista è un camorrista...

-Non scherzare... Senti, io non voglio dormire con quei due, stanotte. Cambiamo posto.

-D'accordo. Ora prendiamo le valigie e cerchiamo un altro scompartimento. Il treno è quasi vuoto.

CAP XI

In treno, subito dopo.

-Non sono ancora tornati.

-Svelto, prendiamo le valigie e andiamo via... Che cosa c'è? Perché mi guardi così?

-E' incredibile. Io sono venuto in Italia per suonare il sassofono, andare al mare e innamorarmi di una bella ragazza con gli occhi neri, e invece...

-E invece?

-Invece mi ritrovo in una storia di polizia e di mafia...

-Vuoi dire che **è colpa mia**?

-No, però...

-Dai Hans, non perdiamo tempo. Andiamo via.

-Va bene.

Cercano un altro scompartimento.

-Questo posto ti piace?

è colpa mia: sono io il responsabile, sono io la causa di... *Es.: "E' colpa mia, ho ucciso io quest'uomo".*

Note

-Sì, ma chiudiamo la porta... Così non può entrare nessuno.
- Ecco fatto.
Il treno riparte.

CAP XII

-Senti, Hans... Tu dove vai quando arrivi a Napoli?
-Non lo so. Il primo giorno penso di andare in albergo. Poi voglio trovare una stanza in un appartamento in affitto. Perché?
-Perché sto pensando che la casa di mia nonna è vuota. Io vado là. Beh, dopo pensiamo anche a questo, d'accordo?
-D'accordo. E' una casa grande?
-No, è molto piccola. E' un basso.
-Che cos'è un basso?
-E' un appartamento con la porta sulla strada. E' la tipica casa dei quartieri popolari.
-E tua nonna? Non ci abita più?
-No, adesso è vecchia. Sta con i miei zii. Anche loro abitano a Napoli.
-Allora la casa è libera?
-Sì, te l'ho detto!
-Aspetta, prendo la carta di Napoli. Così mi fai vedere dov'è.
Hans apre la valigia e prende la carta della città.
-Dov'è?
-E' qui in centro vicino al San Carlo e alla Galleria.
-Che cosa sono il San Carlo e la Galleria?
-Ma non hai letto niente di Napoli?

Note

-No, il libro che ho usato a scuola quest'inverno parla solo di Roma, Firenze e Venezia.

-Va bene. Quando arriviamo ti faccio conoscere Napoli. E' una bellissima città. Adesso dormiamo.

-Va bene, dormiamo. Buonanotte Francesca.

-'notte Hans.

-Che cosa c'è?

-Fa un po' freddo...

-Vuoi la mia giacca?

-Forse voglio te e non la tua giacca... Dai Hans, vieni vicino a me... Anche se non ho gli occhi neri...

-Beh, non hai gli occhi neri...E forse questo è un sogno... Ma tu sei davvero un angelo...

-Domani sera, allora, suonerai una **serenata** per il tuo angelo...

CAP XIII

Notte. Stazione di Firenze. Il treno si ferma.

Alcuni passeggeri scendono. Altri salgono. C'è molta confusione. Nel loro scompartimento, Hans e Francesca si svegliano.

-Che cosa succede? Dove siamo?

-Aspetta che guardo...

Francesca si alza e accende la luce.

-Siamo a Firenze.

-Ancora? Ma quando arriviamo a Napoli?

-Non lo so. Ehi, guarda Hans... Grusser sta scendendo...

Hans si alza.

---

serenata: canzone d'amore. *Es.: Romeo canta una serenata a Giulietta.*

Note

-E' vero. E' insieme ai due italiani.
-Sì, sono loro. Ma perché Grusser ha una valigia così grande?
Grusser è sceso dal treno con una valigia molto grande. Per portarla chiede aiuto ai due italiani.
-Hai visto? Non riesce a portarla da solo. Tutto questo è molto strano...
-Perché è strano?
-Ma non capisci? Grusser ha detto che resta in Italia solo due giorni!
-E allora?
-Quella è una valigia sufficiente per due mesi...Non è normale, Hans...
-Hai ragione. Ma forse Grusser ha portato molti vestiti, o forse resta più di due giorni... Non lo so... Ora ho sonno, voglio dormire.
Hans ritorna al suo posto.
-Ma Hans, come puoi dormire... Dobbiamo fare qualcosa... Forse c'è un **cadavere** in quella valigia!
-Tu sei proprio matta. Prima i camorristi, ora il cadavere... E secondo te chi hanno ucciso, il controllore?
-Ti ho detto di non scherzare.
-Dai, vieni qui... Domani saremo a Napoli e dimenticheremo tutto.
-D'accordo. Forse hai ragione tu. Leggo troppi libri gialli
Il treno riparte.

CAP XIV

Stazione di Napoli, la mattina dopo.
Hans e Francesca scendono dal treno.

---

cadavere: il corpo di un morto. *Es.: nella casa, la polizia ha trovato il cadavere di un uomo.*

-Che caldo! Mi devo togliere subito le calze di lana e il maglione...

-Qui al sud fa caldo, non lo sai? Non siamo in Germania. Guarda... Il termometro segna ventidue gradi...

-Ventidue gradi... Alle nove e mezza di mattina...

-Coraggio, Hans. Con due fermate della metropolitana siamo arrivati a casa.

-Allora posso venire a casa tua?

-Certo. Mi devi suonare la serenata stasera.

-Stasera suono ma ora voglio fare una doccia e poi una passeggiata.

-Va bene. Aspetta un momento.... Compro i biglietti della metropolitana.

Francesca entra in un bar. Ritorna con due biglietti.

-Quanto costano?

-Mille lire.

CAP XV

Nella metropolitana, tra la gente.

Hans e Francesca ascoltano una discussione.

-Che cosa dicono? Non capisco...

-Dopo, Hans... Dopo... Fammi sentire...

Alcuni passeggeri stanno parlando di un attentato. Nella notte è esplosa una bomba a Firenze, dentro il museo degli Uffizi... Ci sono stati molti **feriti**... Quadri di Leonardo, di Raffaello e di altri maestri del Rinascimento italiano sono stati distrutti... Una parte del museo

---

feriti: vittime di un incidente (ma non morti). *Es.: l'attentato al supermercato, ha causato venti morti e trenta feriti.*

Note

è crollata... Forse è un nuovo attentato della mafia...

-La mafia? Ho capito bene Francesca? Hanno detto la mafia...

-Sì Hans, la mafia. Un attentato... Oh, siamo arrivati. Dobbiamo scendere.

CAP XVI

La casa di Francesca è a cinque minuti dalla stazione della metropolitana. Le strade a quest'ora sono piene di gente.

-Che confusione!

-E' il centro di Napoli, Hans. E' sempre così...

-E la tua casa dov'è?

-E' là, in quella strada a destra.

-E' una strada piccolissima, davvero la tua casa è là?

-Sì... Ecco... Siamo arrivati.

Entrano.

-Attenzione alla testa, Hans...

-Ahiah!

-Troppo tardi...

-**Porca miseria**... Ma perché l'entrata è così bassa?

-E' un basso, te l'ho detto... Ma se non ti piace ti posso accompagnare in un albergo...

-No, no, mi piace... Io voglio stare con te... E questa statua chi è?

-E' San Gennaro, il santo di Napoli. Ecco... Qui c'è la cucina... Qui le due camere da letto... E qui il bagno... Vuoi fare la doccia per primo?

-Sì, grazie. Sei un angelo.

è crollata (inf. *crollare*) : è caduta. *Es.: una casa molto vecchia è crollata e dieci persone sono morte.*

porca miseria: imprecazione che esprime rabbia, furia. *Es.: "Porca miseria! Ho perso il treno".*

CAP XVII

A casa di Francesca, un quarto d'ora dopo. Hans esce dalla doccia.
-Hai fatto?
-Sì. Puoi andare tu, adesso.
-Aspetta. Voglio sentire la radio. Ci sono le notizie.

« ... L'attentato di questa notte al museo degli Uffizi ***ha provocato*** *una forte impressione in tutto il mondo. Artisti e intellettuali di tutti i paesi hanno espresso la loro condanna. Purtroppo le opere di Leonardo, Raffaello, Piero della Francesca e di molti altri pittori sono perdute per sempre. Intanto, la polizia continua le indagini, ma le speranze di trovare i* ***colpevoli*** *non sono molte.»*

-Allora, che cosa dice... E' stata la mafia?
-E' possibile.
-Secondo me è stato Grusser. E' arrivato alla stazione di Firenze questa notte e poi è andato al museo a mettere la bomba. Con i due camorristi e il cadavere nella valigia...
-Hans, non scherzare. Forse è stato davvero Grusser...
-Beh, io vado a fare un giro per Napoli. Vieni anche tu?
-Sì, mi faccio la doccia e arrivo. Ti porto a vedere la Galleria, va bene?
-Va bene. E stasera dove mi porti?
-Ti faccio conoscere i *99 Posse*. Andiamo all'Officina.
-Che cos'è l'Officina?
-E' una vecchia fabbrica. I gruppi musicali della città suonano là.

---

ha provocato (inf. provocare): ha causato. *Es.: il vento forte ha provocato molti incidenti.*

colpevoli: responsabili (autori) di una colpa o di un crimine. *Es.: la polizia ha trovato i colpevoli.*

Note

-E perché suonano in una fabbrica?

-Non è più una fabbrica. Ora è diventata un centro sociale: un posto dove i ragazzi organizzano concerti, cinema, teatro e altri spettacoli.

-Ho capito, è una fabbrica di artisti.

-Sì Hans, è un po' così.

CAP XVIII

All'Officina, la sera.

Gruppi di ragazzi e ragazze che ballano. Sei musicisti suonano una musica molto allegra.

Hans e Francesca parlano con alcuni amici:

-Ciao Francesca, quando sei arrivata?

-Stamattina. Come stai?

-Bene, grazie. E tu?

-Anch'io. Suonate sempre?

-Sì, abbiamo fatto un nuovo disco. Siamo diventati famosi.

-Sono contenta... Ah, questo è Hans. Viene da Amburgo. E' un sassofonista. Ha letto il vostro annuncio su Rockline e ha pensato di venire a Napoli.

-Benvenuto Hans... Parli italiano?

-Sì, un poco.

-Ti piace Napoli?

-Certo, è una città molto bella... Quando posso suonare con voi?

-Domani. Noi stasera non suoniamo. Ora c'è il concerto di un altro gruppo e dopo ci sono dei nostri amici. Se vuoi, puoi suonare con loro.

Note

N
NOBS
AVENGERS
in
ABA ZABA
ZOO

-D'accordo.
-Allora vieni... Te li presento... Sono là in fondo... Ah, io mi chiamo Marco.
Hans e Marco vanno a conoscere i musicisti.

CAP XIX

Francesca saluta gli altri amici:
-Ciao Antonio.
-Ciao Francesca. Sei arrivata oggi?
-Stamattina. Hai sentito della bomba?
-Sì, che disastro...
-Lo sai... Io ho fatto il viaggio con un poliziotto tedesco... Si occupa della lotta alla mafia... Grusser, si chiama... E' sceso a Firenze questa notte... E subito dopo è esplosa la bomba.
-Che cosa vuoi dire? Che è stato lui? Un poliziotto?
-Non lo so... La stazione di Firenze è molto vicina al museo degli Uffizi... Sono solo dieci minuti di strada... E Grusser è un amico della camorra...
-E tu come lo sai?
-Ho fatto il viaggio con due camorristi. Ho sentito i loro discorsi. Hanno parlato di lui, del processo Passalacqua...
-Secondo me tu leggi troppi libri gialli...
-Ancora! Ma perché nessuno mi crede?
Arriva Pietro, un altro dei *99 Posse*:
-Ehi Francesca, è un tuo amico quel ragazzo alto e biondo che suona il sax?

Note

-Sì, è Hans. Abbiamo fatto il viaggio insieme. Perché?
-E' bravo... Davvero.
Hans è sul **palco**. Sta suonando con un gruppo di musicisti.
-E' venuto dalla Germania per suonare con voi.
-Noi? Noi chi?
-Voi, i "99 Posse"... Non cercate un sassofonista?
-Sì, certo. Allora ci conoscono anche in Germania?
-Lui vi conosce, ma non capisce le parole delle canzoni.
-E' normale, cantiamo in napoletano...
-Francesca! Come stai?
E' Claudia, un'altra amica.
-Sto bene, grazie.
-Vieni... Andiamo al bar... C'è anche Aurelia.

CAP XX

Due ore dopo.
Il concerto è finito, molti ragazzi sono andati via.
Francesca è al bar. Aurelia sta contando i soldi:
-Cinquecentottanta... Cinquecentonovanta... Seicento... Seicentomila lire, non è male no?
-No. E' venuta molta gente.
-Sono stanchissima, stasera. Ho lavorato come una matta.
Arriva Hans.
-Ti sei divertito, Hans? Hai suonato molto bene!
-Grazie, ho suonato per il mio angelo... C'è ancora un po' di birra?
-Certo, bevi... Ti presento Aurelia. Lavora al bar. Quelli invece sono

---

palco: la parte del teatro dove gli artisti cantano o recitano. *Es.: Il palco del teatro dell'Opera di Parigi è molto grande.*

Note

Claudia, Antonio, Pietro e Stefania.
-Ciao a tutti.
-Ehi ragazzi, andiamo a mangiare una pizza?
-Sono le due. E' difficile trovare un posto aperto, a quest'ora...
-Ma no... Da Nello è ancora aperto... Possiamo andare...
-Va bene. Abbiamo le macchine?
-Sì, c'è la mia e quella di Pietro.
-Ti va di andare, Hans?
-Certo angelo mio. Con te vado **dappertutto**.
-Allora andiamo.
-Aspettate, devo chiudere...
-Ehi, aspettate Aurelia...
-Okay, possiamo andare.
-Ma...
-Attenti!
-Quella macchina...
-Hanno la pistola... A terra!

RAT! RAT! BUM! BAM! BEM!

CAP XXI

-Antonio, Stefania...
-Siamo qui, come va?
-Bene, e voi?
-Io mi sono fatto la pipì nei pantaloni...
-Aurelia, Francesca, ci siete?

---

dappertutto: in ogni luogo, in tutti i luoghi. *Es.: con l'aereo puoi andare dappertutto (in ogni parte del mondo).*

Note

-Sì, stiamo bene.
-Hans... Dove sei, Hans...
-Sono qui, angelo mio. Ma perché ci **hanno sparato**?
-Sono camorristi.
-E cosa vogliono da noi i camorristi?
-Non lo so, Hans.
-Dai, ragazzi... Andiamo via.
Arrivano due macchine della polizia.
-Oh no! Ora dobbiamo stare tutte la notte a parlare con loro...
-Meglio i poliziotti dei camorristi.
-Sì, come il nostro amico Grusser...
-Lo sai, Francesca, ti conosco da un giorno e ho incontrato solo mafiosi, poliziotti, bombe e pistole: tu sei un pericolo!
-Basta con le discussioni, ragazzi. Date i documenti ai poliziotti.
-Sì, ecco la mia carta d'identità.
-Questo è il mio passaporto.
-Dobbiamo andare tutti al **commissariato**.
-Va bene. Che serata!

CAP XXII

A casa di Francesca, la mattina dopo.
-Sei sveglia, angelo mio?
-Ho sonno, Hans... Dormiamo ancora un po'.

---

hanno sparato (inf. *sparare*): usare la pistola. *Es.: i terroristi ci hanno sparato con una pistola ma non ci hanno ucciso.*

commissariato: stazione di polizia. *Es.: la polizia ha portato l'assassino al* commissariato.

Note

-No. Io voglio andare al mare, poi voglio mangiare il pesce in un buon ristorante e stasera voglio suonare con i tuoi amici.

-Va bene, adesso mi alzo. Accendi la radio, intanto.

"Continuano le indagini sull'attentato al museo degli Uffizi. Secondo gli esperti, i terroristi hanno usato circa cento chili di Pentax, un esplosivo molto potente. Il capo della polizia Carosi ha dichiarato che le ***forze dell'ordine*** *faranno il possibile per scoprire i colpevoli e..."*

-Hans!

-Sì?

-Hai sentito?

-Sì, continuano le indagini...

-Ma no!... Carosi!... Hai sentito?... E' il capo della polizia!

-E allora? Lo conosci?

-Hans... I due camorristi, in treno... Hanno detto: "Anche Carosi è d'accordo"... Capisci adesso? Il capo della polizia italiana è un mafioso!

-Anche lui? Come Grusser?

-Sì, come Grusser... Lo so che è incredibile, ma è così!

-Vuoi sapere la mia opinione? Secondo me tu leggi trop...

-Basta così, Hans! Non voglio più discutere con te!

Francesca si alza e va in cucina. E' arrabbiata. Hans la segue.

---

forze dell'ordine: polizia. *Es.: le forze dell'ordine hanno preso i criminali.*

CAP XXIII

In cucina.

-Scusami...

-No, vai via...

-Dai, non fare così angelo mio... Ti credo... Anche il capo della polizia italiana è un amico della mafia... Va bene... Come si chiama, hai detto?

-Carosi.

-Carosi? Allora è questo qui, guarda... C'è la sua foto sul giornale di ieri. E un'intervista: "La polizia scoprirà i colpevoli".

-Sì, è lui.

-Okay... Cerchiamo di capire... Grusser è il capo della polizia di Amburgo. E' un amico della mafia. Viene in Italia per fare un attentato. Sul treno incontra due camorristi. Scendono tutti e tre a Firenze e mettono la bomba al museo degli Uffizi. Carosi, il capo della polizia italiana, è d'accordo con loro. Dice che scoprirà i colpevoli e invece protegge i suoi amici. Ah, dimenticavo... Grusser ha una valigia molto grande... Forse c'è un cadavere...

-No, non è così Hans. Non c'è un cadavere, nella valigia.

-E cosa c'è, allora?

-L'esplosivo. La radio ha detto che i terroristi hanno usato cento chili di Pentax, un esplosivo molto potente.

-D'accordo. Grusser ha portato l'esplosivo nella valigia. Ma perché tutto questo?

-Come perché...

-Perché hanno fatto questo attentato? E perché la mafia italiana ha

---

Note

chiesto aiuto ad un poliziotto tedesco?
-Non hai capito, allora... Il processo Passalacqua...
-Passalacqua?
-Sì, il capo della camorra. E' stato condannato a trent'anni, non ricordi? L'attentato è una **vendetta** della camorra per la condanna di Passalacqua.
-Ho capito. Ma perché Grusser?
-Perché nessuno sospetta di lui. E' un poliziotto famoso. Può trovare l'esplosivo facilmente e viaggiare senza problemi. Nessuno controlla il capo della polizia, alla dogana. E a quest'ora è già tornato in Germania.
-Sì, forse è così...
-Sono sicura, Hans.
-Va bene. Allora andiamo dalla polizia.
-Non possiamo. La polizia è d'accordo con la mafia.
-Solo Carosi e Grusser, non tutta la polizia.
-Non lo sappiamo. Forse ci sono altri poliziotti che sono dei mafiosi...
-E allora che cosa facciamo?
-Non lo so, Hans.
Suonano alla porta.
-Chi può essere?
-Vai ad aprire.
-Che strano... Non c'è nessuno.
-Guarda... Per terra c'è un biglietto.
-Che cosa c'è scritto?

«LA CAMORRA VI UCCIDERA'»

---

vendetta: punizione, reazione.

Note

CAP XXIV

All'Officina, la sera.

Ci sono tutti gli amici.

-Ciao Francesca, ciao Hans. Perché avete quelle facce? Che cosa è successo?

-Guardate questo biglietto.

-"La camorra vi ucciderà". Che cosa significa?

-Significa che ci vogliono uccidere. Per questo ieri sera ci hanno sparato.

-Uccidere? Ma perché? Che cosa avete fatto?

-Io e Hans sappiamo chi ha messo la bomba a Firenze.

-Il poliziotto tedesco?

-Sì, lui e i suoi due amici camorristi. Hanno capito che abbiamo sentito i loro discorsi in treno e ora ci vogliono uccidere.

-Se questo è vero, non potete restare qui.

-Sì, la camorra vi troverà.

-E dove andiamo?

-Dovete andare via da Napoli. Subito.

CAP XXV

In treno, la notte.

-Dormi, Hans?

-La camorra ci ucciderà...

Note

-Non dire così... Domani saremo a Firenze e tutto sarà finito.
-Ci troverà anche a Firenze. Io non capisco perché vuoi andare là.
-Perché è il posto dell'attentato. La camorra ci cercherà dappertutto, ma non là. E poi Firenze è una bella città.
-Io non ho voglia di fare il turista.
-Vedrai, ti piacerà... Domani ti porto a vedere il Pontevecchio e Santa Maria Novella... E la sera andiamo a mangiare la ribollita...
-Che cos'è la ribollita?
-E' una zuppa con il pane e la verdura. E' buonissima in questa stagione.
-E va bene. Il mio angelo ha sempre ragione.

CAP XXVI

Firenze, il giorno dopo.
Le strade sono piene di turisti. Durante tutto l'anno americani, giapponesi e tedeschi vengono a visitare le bellezze artistiche della città. Anche Hans e Francesca sembrano due turisti.
-Hai visto, Hans? Firenze è stupenda.
-Sì, ma io sono stanco. Queste valigie sono pesantissime...
-Adesso cerchiamo un albergo. Ne conosco uno sul Lungarno Vespucci... Guarda Hans, quella chiesa è Santa Maria Novella. E' un esempio di architettura gotica...
-Lo so. L'ho studiata a scuola, quest'inverno. C'è una foto sul libro d'italiano. E' lontano l'albergo?
-Aspetta, domando a questa signora... Scusi signora, è lontano il

Note

Lungarno Vespucci?

-Vada avanti signorina, poi giri a destra e quando arriva all'Arno ancora a destra.

-Grazie, arrivederci.

CAP XXVII

Dieci minuti più tardi, nella hall dell'albergo...

-Avete una camera doppia per stanotte?

-Certo, signorina. Con o senza bagno?

-Con bagno.

-D'accordo. Mi dia il suo passaporto e scriva i suoi **dati anagrafici** su questa scheda. Anche il suo amico.

-Hai capito, Hans? Devi scrivere il tuo nome, il cognome, la data di nascita e l'indirizzo.

-In italiano?

-No, va bene anche in tedesco.

-Ecco fatto.

-Grazie.

-Ci dia una buona camera, eh?

-La 312. Ha una bellissima vista sulla città.

-Vieni Hans...

-Finalmente. Voglio fare subito la doccia e non pensare più alla mafia.

-Ma qui non c'è la mafia, Hans... Non è vero, signor albergatore?

-La mafia?

---

dati anagrafici: il nome, il cognome e la data di nascita. *Es.: sul passaporto ci sono i miei dati anagrafici.*

Note

-Sì, la mafia... La bomba al museo degli Uffizi... Il mio amico ha paura di un altro attentato.

-State tranquilli, qui non ci sono mafiosi. Abbiamo solo clienti **scelti**, come il signor Grusser...

-Grusser?

-Sì, il capo della polizia di Amburgo. Ha la camera vicino alla vostra.

CAP XXVIII

Nella camera, poco dopo.

Hans è sul letto, Francesca è in piedi vicino alla finestra.

-Dobbiamo andare via, Francesca. Grusser è qui. Adesso mi faccio la doccia e poi cerchiamo un altro albergo.

-E' molto strano...

-Che cosa?

-Perché Grusser è ancora a Firenze? L'albergatore ha detto che è qui da due giorni.

-Allora non è stato lui a sparare l'altra notte...

-No, sono stati i suoi amici. Ma non capisco...Perché Grusser non è ancora tornato in Germania?

-Forse ha paura che noi parliamo con la polizia.

-O forse prepara un altro attentato... Ehi, guarda Hans... Non è Grusser quello?

-Dove?

-Là, sta uscendo dall'albergo.

-Sì, è lui.

---

scelti: selezionati, di buona qualità. *Es.: in questo ristorante hanno solo vini scelti.*

Grusser attraversa la strada e gira a sinistra. Va verso il centro della città.

-Senti Hans, dobbiamo scoprire perché è rimasto a Firenze.

-Io non voglio scoprire niente. Adesso mi faccio la doccia e poi andiamo via.

-Ma Hans...

-Non dire niente.. Tra dieci minuti andiamo via, va bene?

-Va bene, Hans.

CAP XXIX

Cinque minuti dopo.

Francesca apre la finestra. Sulla sinistra, a un metro di distanza, c'è la finestra della camera di Grusser. C'è anche un piccolo balcone.

"Devo provare" -pensa Francesca- "Ora Hans è sotto la doccia".

Con un **salto**, Francesca è sul balcone. La finestra è aperta, non è difficile entrare.

Dentro la camera di Grusser c'è una grande confusione: i vestiti sono sul letto, la valigia è per terra, vicino all'armadio.

"E questo che cos'è?"

Ora Francesca è accanto al tavolo. Guarda un foglio con dei disegni.

"Ma certo! La pianta del museo degli Uffizi!"

All'improvviso, si sente un rumore. Sta arrivando qualcuno.

"E' Grusser!"

salto: *Es.: Carl Lewis ha fatto un salto di 8 m e 97 cm.*

Francesca **si nasconde** sotto il letto. Subito dopo, Grusser apre la porta. Ha dimenticato il portafoglio.

Grusser prende un paio di pantaloni dal letto e guarda nelle tasche: non c'è niente. Poi prende una giacca: il portafoglio è nella tasca destra.

In questo momento squilla il telefono.

-Pronto?... Come?... Non sono più a Napoli?.. E dove sono allora?... Non mi interessa, non è colpa mia... Io voglio i miei soldi... Stasera... Sì, va bene, a mezzanotte... Nella chiesa di Santa Croce... D'accordo, a stasera ...

Grusser esce.

CAP XXX

Nella camera di Hans e Francesca, subito dopo.

Francesca entra dalla finestra.

-Hans...

Hans sta uscendo dalla doccia.

-Sì?

-Sono stata da Grusser. Lui ed i suoi amici sanno che non siamo più a Napoli.

-Eh!?

-Sì, ho sentito una telefonata... Quando lui è entrato, mi sono nascosta sotto il letto e...

Francesca racconta ad Hans la sua avventura.

-Tu sei matta...

-Senti Hans, dobbiamo andare a Santa Croce... Nella chiesa... A

---

si nasconde (inf. *nascondersi*): esce dalla vista, diventa invisibile. *Es.: il sole si nasconde dietro le nuvole.*

mezzanotte Grusser ha un appuntamento con qualcuno e...

-Cosa? Noi non andiamo in nessuna chiesa, Francesca. Adesso usciamo da questo albergo e prendiamo il primo treno per Amburgo.

-Ma Hans... Dobbiamo scoprire chi deve incontrare Grusser...

-Ho detto di no. Noi non andremo in nessuna chiesa. E' chiaro?

-Sì, Hans.

CAP XXXI

Chiesa di Santa Croce, ore ventiquattro.

-Non capisco perché mi lascio sempre **convincere**.

-Perché mi ami, Hans.

-E' vero, angelo mio. E' la più incredibile storia d'amore della mia vita.

-Anche per me, Hans... Ehi, è mezzanotte e non è ancora venuto nessuno...

-Sei sicura di aver capito bene?

-Certo. Grusser ha detto a mezzanotte, dentro la chiesa.

-Chi deve incontrare?

-Non lo so. Grusser ha detto che vuole i suoi soldi...

-Forse la camorra deve pagare Grusser per l'attentato...

-Sì, forse è così.

-Lo sai che questa chiesa è molto bella?

-E' in stile gotico, come Santa Maria Novella.

-Sul mio libro c'è scritto che qui ci sono le tombe degli italiani famosi...

-E' vero, c'è la tomba di Michelangelo, di Galileo e di Machiavelli...

---

convincere: persuadere. *Es.: "Io sono sicuro delle mie idee, tu non mi puoi convincere".*

Note

A me fa un po' paura... Guarda Hans, arriva qualcuno... E' Grusser...
-Sì, è lui. Che cosa fa?
-Andiamo più vicino, per vedere meglio...
-No, stai ferma... Resta qui... Arriva qualcun altro. E' un uomo con una borsa.
-Ma quello... Quello è Carosi!
Grusser e Carosi si incontrano al centro della chiesa. Cominciano a discutere. Carosi dà la borsa a Grusser. Grusser la apre e guarda dentro: ci sono i soldi.
-Hai visto? Ha dato la borsa a Grusser.
-Sì, e Grusser sta contando i soldi... Ma perché Carosi urla? Guarda, ha una pistola...
-Sì... Anche Grusser... Aiuto Hans!

RAT! RAT! BUM! BAM! BENG! BUNG!

CAP XXXII

-Hans?
-Sono qui, angelo mio. E' finita?
-Sì, guarda....
Grusser e Carosi sono a terra. Morti. C'è sangue dappertutto.
-Carosi ha ucciso Grusser...
-E Grusser ha ucciso Carosi...
-Sì... E qui... Qui ci sono almeno due miliardi di lire...
-Quanti sono due miliardi di lire?

Note

-Sono tanti, Hans... Tantissimi...

CAP XXXIII

Roma, aeroporto Leonardo da Vinci. Il giorno dopo.
Hans e Francesca salgono sull'aereo.
-Sono questi i nostri posti?
-Sì, sono questi.
-Senti Francesca, io non ho ancora capito... Perché Carosi ha sparato a Grusser?
-E' chiaro, Hans...
Francesca spiega:
-Dopo la condanna di Passalacqua, Carosi diventa il nuovo capo della camorra. Dice a Grusser di organizzare l'attentato al museo degli Uffizi. Per questo lavoro, gli promette molti soldi. Allora Grusser, con i due camorristi, mette la bomba al museo. Ma fa molti errori, ed io e te scopriamo tutto...
-Per questo la camorra decide di ucciderci...
-Sì, e decide di uccidere anche Grusser.
-Perché?
-Perché il suo lavoro non è stato perfetto... Grusser ha fatto molti errori... Ha lasciato dei **testimoni**...
-Ho capito. Carosi va nella chiesa di Santa Croce per uccidere Grusser, non per pagarlo.
-Sì. Carosi dà i soldi a Grusser. Mentre Grusser conta i soldi, Carosi gli spara. Ma anche Grusser ha una pistola e...

---

testimoni: persone che vedono qualcosa d' importante. *Es.: due testimoni hanno visto l'incidente.*

-...anche lui spara e tutti e due muoiono.

-Esatto.

-Adesso è chiaro. Guarda Francesca, l'aereo parte...

«Il comandante e l'equipaggio del volo Roma-Rio de Janeiro vi augurano un buon viaggio. Vi pregano di allacciare le cinture di sicurezza e di non fumare. Grazie.»

-Allacciare le cinture... Ecco fatto... Senti Francesca, c'è la mafia in Brasile?

-Non lo so, Hans. Spero di no. Dove sono i soldi?

-Sono qui, nella borsa... Quando arriviamo a Rio mi voglio fare subito un bagno...

-Hans...

-Sì?

-Vieni qui, abbracciami.

-Certo, angelo mio.

FINE

Note

RIASSUNTO

CAP I. Hans, un musicista di Amburgo, parte per Napoli. Sul suo treno sale anche Grusser, il capo della polizia.

CAP II. In treno Hans si siede vicino a Francesca, una giornalista. Anche lei sta andando a Napoli.

CAP III. Hans e Francesca parlano a lungo e diventano amici. La giornalista spiega ad Hans molte cose sulla mafia, poi si addormenta.

CAP IV. Hans è nel vagone ristorante. Osserva gli altri viaggiatori e pensa ai suoi viaggi.

CAP V. Quando Francesca si sveglia, il treno è arrivato in Austria. Ora nello scompartimento ci sono anche due italiani.

CAP VI. Hans e Francesca vanno nel vagone ristorante. Francesca racconta: ha ascoltato i discorsi dei due italiani...

CAP VII. ...e ha capito che sono dei mafiosi e che Grusser è un loro amico. Hans non crede alle parole di Francesca.

CAP VIII. Poco dopo, però, incontrano Grusser con i due italiani.

CAP IX. Mentre salutano Grusser, il treno arriva al Brennero. Hans e Francesca scendono per comprare qualcosa da mangiare.

CAP X. Alla stazione del Brennero, Hans e Francesca decidono di cambiare scompartimento per non dormire con i due italiani.

CAP XI. Tornati sul treno, cercano un altro posto.

CAP XII. Francesca invita Hans nella casa della nonna a Napoli. Poi i due si addormentano.

CAP XIII. Nella notte il treno arriva a Firenze. Grusser scende con i due italiani e una valigia molto grande.

CAP XIV. La mattina dopo Hans e Francesca arrivano a Napoli.

CAP XV. Nella metropolitana ascoltano i discorsi dei passeggeri. Qualcuno parla di un attentato al museo degli Uffizi di Firenze.

CAP XVI. Dopo pochi minuti arrivano alla casa della nonna di Francesca.

CAP XVII. Mentre Hans fa la doccia, Francesca ascolta la radio. Forse Grusser

Note

ha messo la bomba al museo.

CAP XVIII. La sera i due ragazzi vanno all'Officina, una fabbrica dove suonano gli amici di Francesca.

CAP XIX. Mentre Francesca saluta gli amici, Hans suona il sassofono.

CAP XX. Dopo il concerto tutti vogliono andare in pizzeria, ma qualcuno spara da una macchina.

CAP XXI. Per fortuna nessuno è ferito.

CAP XXII. La mattina dopo Hans e Francesca ascoltano altre notizie sull'attentato al museo. Francesca è sempre più sicura: Grusser ha messo la bomba con l'aiuto della mafia e di Carosi, il capo della polizia italiana.

CAP XXIII. Qualcuno suona alla porta. Per terra, c'è un biglietto che dice: "La camorra vi ucciderà".

CAP XXIV. La sera Hans e Francesca tornano all'Officina e raccontano tutto agli amici. Decidono di andare via da Napoli.

CAP XXV. Nella notte, prendono il treno per Firenze.

CAP XXVI. La mattina dopo arrivano a Firenze. Cercano un albergo sul Lungarno Vespucci...

CAP XXVII. ...ma è proprio l'albergo dove si trova anche Grusser.

CAP XXVIII. Dalla finestra della camera, Francesca vede Grusser uscire dall'albergo. Hans vuole andare via, ma Francesca...

CAP XIX. ...entra nella camera di Grusser. Quando Grusser torna, Francesca si nasconde sotto il letto e ascolta una telefonata.

CAP XXX. Francesca torna da Hans e spiega che Grusser ha un appuntamento a mezzanotte nella Chiesa di Santa Croce.

CAP XXXI. A mezzanotte Hans e Francesca sono nella chiesa. Vedono Grusser incontrare il capo della polizia italiana Carosi. I due poliziotti sparano e...

CAP XXXII ...restano a terra morti. Vicino a loro c'è una valigia piena di soldi.

CAP XXXIII. Il giorno dopo, Hans e Francesca partono per Rio de Janeiro con i soldi della mafia.

Note

Scheda

COS'È LA MAFIA?

La mafia è un'organizzazione criminale. È nata nel XIX secolo nelle campagne della Sicilia.

In questo periodo i mafiosi sono i grandi proprietari di terre che controllano la ricchezza: l'acqua, il lavoro dei contadini e le banche.

Nei primi anni del secolo, milioni di italiani emigrano negli Stati Uniti. In questo modo la mafia arriva in America.

In pochi anni la mafia americana (cosa nostra) diventa molto forte in alcune grandi città come New York e Chicago.

Cosa nostra vive di racket, commercio illegale (per esempio di alcool) e di prostituzione. Con i soldi guadagnati in questo modo, la mafia compra ristoranti, alberghi, negozi e altre attività legali.

Durante la seconda guerra mondiale (1939 - 1945) gli americani arrivano in Sicilia. Cosa nostra segue l'escrcito americano: in questo modo nasce la mafia moderna. Da allora i boss mafiosi controllano gran parte delle attività economiche, sociali e politiche della Sicilia.

I politici, i giudici, i giornalisti, i commercianti, gli industriali e i normali cittadini che non accettano il potere mafioso spesso sono uccisi.

La mafia moderna è un'organizzazione internazionale: compra la droga in Oriente e in Sud America e commercia con tutti i Paesi del mondo.

Grazie alla droga la mafia guadagna milioni di dollari ogni anno.

A fianco della mafia, nel sud Italia esistono altre organizzazioni criminali: la camorra a Napoli, la 'ndrangheta in Calabria e la sacra corona unita in Puglia.

Note

ESERCIZI

Capitoli I-XIII

1. Scegli la risposta giusta.

Perché Francesca va in Italia?
a - Per vacanza. ❐
b - Per imparare l'italiano. ❐
c - Per lavoro. ❐

Cos'è la camorra?
a - È la mafia di Napoli. ❐
b - È la mafia siciliana. ❐
c - È la mafia calabrese. ❐

Cosa sono i due passeggeri italiani secondo Francesca?
a - Sono due poliziotti. ❐
b - Sono due turisti. ❐
c - Sono due camorristi. ❐

Cos'è Grusser secondo Francesca?
a - Un amico della mafia. ❐
b - Un bravo poliziotto. ❐
c - Un amico della polizia. ❐

Dove pensa di andare Francesca quando arriverà a Napoli?
a - Nella casa della nonna. ❐
b - Nella casa degli zii. ❐
c - In albergo. ❐

Chi scende dal treno a Firenze?

a - Hans e Francesca. ❐

b - Grusser. ❐

c - Grusser e i due italiani. ❐

2. Completa il dialogo.

- Scusa, è libero questo ____________________?
- Sì, non c'è nessuno.
- Allora __________ siedo qui, vicino a te. Mi chiamo Hans. Vado a Napoli.
- Piacere, io sono Francesca. ____________________io vado a Napoli.
- Sei italiana?
- Un po'. Mia ____________________ è tedesca e mio padre è italiano. Ma io sono ____________________ in Germania.
- Ho capito. E ora vai in Italia per le vacanze.
- No. Vado in Italia per lavoro. Sono una giornalista. Devo scrivere qualcosa sulla mafia.
- Ah sì? Lo _______________ chi c'è su questo treno?
- No, chi c'è?
- Grusser, il capo della polizia. __________ conosci?
- Certo. Una volta __________ ho anche intervistato. Si occupa della lotta alla mafia. Ma come fai a sapere che viaggia su questo treno?
- __________ ho visto salire. È in prima ____________________.

3. Scegli l'espressione giusta.

- Buonasera, signor Grusser.
- Buonasera, signorina. Lei **mi conosci / mi conosce / ti conosco**?
- Sì, sono una giornalista. Non **ricordi / si ricordi / si ricorda** di me? Sono venuta da lei per un'intervista, una volta...
- Ah sì, ora ricordo... Lei è la signorina...
- Francesca Affatato.
- Sì... Sì... Francesca Affatato... Certo... Mi ricordo... **Lei è / Tu sei / Lei sei** italiana, non è vero?
- No, **il mio padre / lo mio padre / mio padre** è italiano. Io sono tedesca. E questo è **il mio amico / lo mio amico / mio amico** Hans Lubber.
- Piacere. Ho incontrato questi due amici italiani e **stanno andando / sto andare / sto andando** a bere un caffè con loro. Non parlano tedesco.
- Lo sappiamo. Sono **in / nel / di** nostro scompartimento.

Capitoli XIV-XXIV

1. Scegli la risposta giusta.

Di cosa parla la gente sulla metropolitana?
a - Del caldo. ❐
b - Di una bomba nel museo di Napoli. ❐
c - Di un attentato a Firenze. ❐

Chi ha messo la bomba secondo Francesca?
a - Grusser. ❐
b - I *99 Posse* ❐
c - I camionisti. ❐

Secondo Francesca, chi ha sparato all'uscita dall'Officina?
a - La polizia. ❐
b - La camorra. ❐
c - Grusser. ❐

Perché secondo Francesca il capo della polizia italiana è un mafioso?
a Perché lo ha detto la radio ❐
b - Perché lo hanno scritto i giornali. ❐
c - Perché lo hanno detto i due camorristi in treno. ❐

2. Scegli tra le parole della lista e completa il testo. Attenzione: non tutte le parole sono necessarie!

strada - bomba - discussione - stazione - malati - feriti - gente mafia - parte - maestri - passeggeri - museo - polizia - attentato scienziati.

Hans e Francesca sono nella metropolitana, tra la ____________________ . Ascoltano una ____________________ . Alcuni ____________ ____________________ stanno parlando di un ____________________________. Nella notte è esplosa una ____________________ a Firenze, dentro il ________________ degli Uffizi... Ci sono stati molti ____________________ ... Quadri di Leonardo, di Raffaello e di altri ____________________ del Rinascimento italiano sono stati distrutti... Una ____________________ del museo è crollata. Forse è un nuovo attentato della ____________________.

3. Scegli l'espressione giusta.

- Okay... Cerchiamo **di / a / per** capire... Grusser è il capo della polizia di Amburgo. È **un' / l' / un** amico della mafia. Viene in Italia per fare un attentato. Sul treno incontra due camorristi. Scendono tutti e tre **in / a / da** Firenze e mettono la bomba **in / dentro / al** museo degli Uffizi. Carosi, il capo della polizia italiana, è d'accordo con **il loro / loro / i loro.** Dice che **scopriscerà / scoprirebbe / scoprirà** i colpevoli e invece protegge **sui / loro / i suoi** amici. Ah, dimenticavo... Grusser ha una valigia **molto grande / molta grande / molta granda**... Forse c'è un cadavere...

Capitoli XXV-XXXIII

1. Scegli la risposta giusta.

Perché Hans e Francesca vanno via da Napoli?
a - Perché vogliono visitare Firenze. ❐
b - Perché la camorra li vuole uccidere. ❐
c - Perché vogliono cercare Grusser. ❐

Chi c'è nell'albergo di Hans e Francesca?
a - Il capo della polizia italiana. ❐
b - I due camorristi dell'attentato. ❐
c - Grusser. ❐

Perché Carosi ha incontrato Grusser nella chiesa di S. Croce?
a - Per parlargli. ❐
b - Per pagarlo. ❐
c - Per ucciderlo. ❐

Che cosa fanno alla fine Hans e Francesca?
a - Partono per il Brasile con i soldi della mafia. ❐
b - Tornano in Germania. ❐
c - Vanno dalla polizia e raccontano tutto. ❐

2. Completa il dialogo.

In albergo.
- Avete una ____________________ doppia per stanotte?
- Certo, signorina. Con o senza ____________________?
- Con ____________________.
- D'accordo. Mi dia il suo ____________________ e scriva i suoi dati anagrafici su questa scheda. Anche il suo amico.
- Hai capito, Hans? Devi scrivere il tuo ____________________, il cognome, la ____________________ di nascita e l'indirizzo.

3. In questo dialogo ci sono 3 errori. Trovali e correggili.

Chiesa di Santa Croce, ore ventiquattro.
- Non capisco perché mi lascio sempre convincere.
- Perché ti ami, Hans.
- È vero, angelo mio. È la più incredibile storia d'amore di mia vita.
- Anche per me, Hans... Ehi, è mezzanotte e non è ancora venuto nessuno...
- Sei sicura di aver capito bene?
- Certo. Grusser ha detto a mezzanotte, dentro la chiesa.
- Chi deve incontrare?
- Non lo so. Grusser ha detto che vuole suoi soldi...
- Forse la camorra deve pagare Grusser per l'attentato.
- Sì, forse è così.

4. Completa il testo con le parole della lista.

aeroporto - condanna - conta - ha sparato - muoiono - organizzare pagarlo - pistola - promette - scopriamo - testimoni - uccidere ucciderci

Roma, ____________________ Leonardo da Vinci. Hans e Francesca salgono sull'aereo.
- Senti Francesca, io non ho ancora capito... Perché Carosi ____________________ a Grusser?
- È chiaro, Hans... Dopo la ____________________ di Passalacqua, Carosi diventa il nuovo capo della camorra. Dice a Grusser di ____________________ l'attentato al museo degli Uffizi. Per questo lavoro, gli ____________________ molti soldi. Allora Grusser, con i due camorristi, mette la bomba al museo. Ma fa molti errori ed io e te ____________________ tutto.
- Per questo la camorra decide di ____________________.

- Sì, e decide di ____________________ anche Grusser.
- Perché?
- Perché il suo lavoro non è stato perfetto... Grusser ha fatto molti errori... Ha lasciato dei ____________________ .
- Ho capito. Carosi va nella chiesa di Santa Croce per uccidere Grusser non per ____________________.
- Sì, Carosi dà i soldi a Grusser. Mentre Grusser ____________________ i soldi, Carosi gli spara. Ma anche Grusser ha una ____________________ e anche lui spara e tutti e due ____________________.

PER LA DISCUSSIONE IN CLASSE

1) Descrivi il personaggio di Francesca.
2) Descrivi il personaggio di Hans.
3) Che tipo di musica ti piace ascoltare?
4) Che cosa conosci della mafia?
5) Nel tuo Paese esiste il problema della criminalità?
6) Racconta un'avventura che hai vissuto.

SOLUZIONI DEGLI ESERCIZI

Capitoli I-XIII

1 : c, a, c, a, a, c
2: posto; mi; Anche (Anch'); madre; nata; sai; Lo; l'; L'; classe
3: mi conosce; si ricorda; Lei è; mio padre; il mio amico; sto andando; nel

Capitoli XIV-XXIV

1: c, a, b, c
2: gente; discussione; passeggeri; attentato; bomba; museo; feriti; maestri; parte; mafia
3: di; un; a; al; loro; scoprirà; i suoi; molto grande

Capitoli XXV-XXXIII

1: b, c, c, a
2: camera; bagno; bagno; passaporto; nome; data
3: Chiesa di Santa Croce, ore ventiquattro.
- Non capisco perché mi lascio sempre convincere.
- Perché **mi** ami, Hans.
- È vero, angelo mio. È la più incredibile storia d'amore **della** mia vita.
- Anche per me, Hans... Ehi, è mezzanotte e non è ancora venuto nessuno...
- Sei sicura di aver capito bene?
- Certo. Grusser ha detto a mezzanotte, dentro la chiesa.
- Chi deve incontrare?
- Non lo so. Grusser ha detto che vuole **i suoi** soldi...
- Forse la camorra deve pagare Grusser per l'attentato.
- Sì, forse è così.

4: aeroporto; ha sparato; condanna; organizzare; promette; scopriamo; ucciderci; uccidere; testimoni; pagarlo; conta; pistola; muoiono

Indice

Collana "Italiano facile"

3° livello / 1500 parole

Milano, città della moda e degli affari. Una mattina di ottobre, una donna bionda entra nell'ufficio del detective Antonio Esposito: "Cerco mia figlia. È americana e fa la modella." Una storia poliziesca ricca di sorprese, belle donne, strani politici e… buona cucina.

Dov'è l'ultimo quadro che il grande artista Caravaggio ha dipinto prima di morire? Esiste veramente o è solo una leggenda? Arte, amore e cultura in una storia appassionante ambientata in Toscana.

Collana "Italiano facile"

4° livello / 2000 parole

Nove brevi racconti sull'amore, tutti con un finale a sorpresa. Storie romantiche, passionali, divertenti, tragiche, sorprendenti, come solo l'amore sa essere.

Un giallo ironico e appassionante ambientato nel mondo dell'opera e della buona cucina, tra Milano, Venezia e Napoli, con protagonista il simpatico detective Antonio Esposito.

Parole crociate

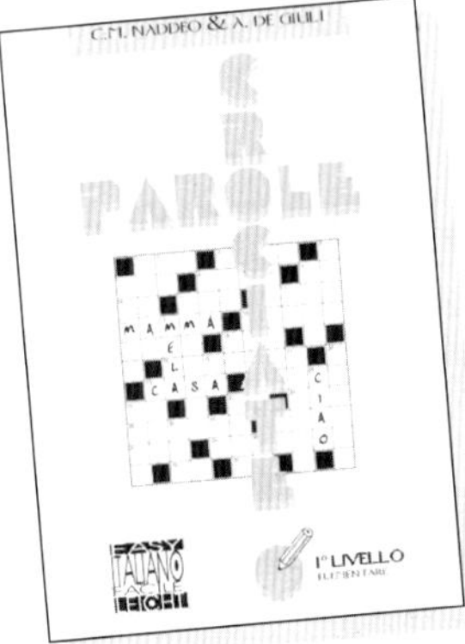

Questi 3 volumi di **Parole crociate** presentano un modo facile e divertente per imparare le parole di base della lingua italiana e per esercitare il lessico e la grammatica.

Ogni parola crociata utilizza solo le parole italiane pi frequenti ed utili e si riferisce ad un tema particolare (la casa, la città, la famiglia, il lavoro, il mangiare e i bere, il tempo libero, la politica, la religione, ecc.). Ma ci sono anche parole crociate di argomento più generale, puzzle ed altri giochi linguistici.

Per studenti di livello elementare, intermedio e avanzato. Sono incluse le soluzioni.

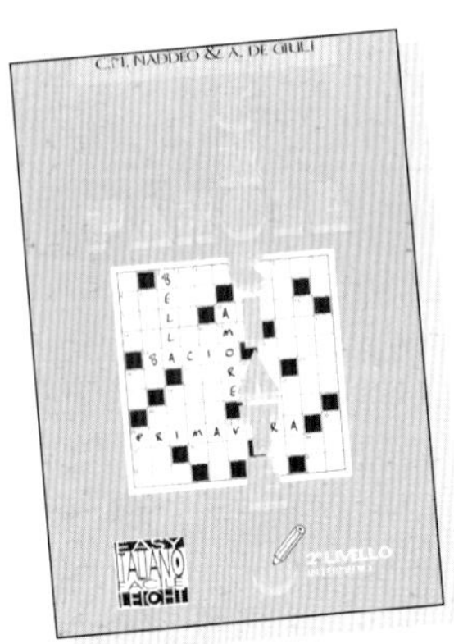

ALMA EDIZIONI
viale dei Cadorna, 44 - 50129 Firenze - Italia
tel +39 055476644 - fax +39 055473531
alma@almaedizioni.it - www.almaedizioni.it

THEY CAN'T EA

The Story of Tear Fund

 Printed in Great Britain for Hodder and Stoughton Limited, St. Paul's House, Warwick Lane, London EC4P 4AH by Cox and Wyman Limited, London, Reading and Fakenham.

PREFACE

Mention the subject of evangelism and social involvement in the same breath to some people, and you'll hear them mutter 'social gospel', 'compromise'. An out-of-date caricature? I don't think so. Many Christians today appear to have forgotten that Jesus Christ did not merely preach at people; he fed and healed them also. They seem to have forgotten as well the tremendous work done during the last century by Christians, many of them Evangelicals in public life, to improve the conditions of the destitute, the orphaned and the exploited.

Perhaps a certain disenchantment with the 'social gospel' is forgivable. It has given the impression that we must be completely uninterested in the needs of men's souls. To avoid this lopsided approach, Evangelicals have swung to the opposite extreme. They have become so preoccupied with the needs of souls that they have tended to forget that men have also got bodies.

The arrival of Tear Fund (The Evangelical Alliance Relief Fund) means these extremes have to be reconsidered. Evangelicals in particular are having to face up to the fact that social involvement, far from spelling 'compromise' for the Christian, demands that he get his perspectives right, reach out in love to the whole man, and admit that men and women can't eat prayer.

This book can be no more than a progress report on this vigorously growing and thriving organism: Tear Fund. It would have been too vast and tedious if I had taken every development and project in detail. Instead, it offers a personal impression of a very exciting new development on the evangelical scene, and one which has important implications for all of us concerned with the desperate needs we see and hear about daily in the news media.

My thanks are due to all who gave me interviews and timely advice — and to my flatmates for putting up with the tedium of my typewriting during the months of preparation of the manuscript.

Mary Endersbee

CONTENTS

ILLUSTRATIONS

PROLOGUE:

BIRTH OF BANGLADESH

George Hoffman, Director of Tear Fund. August 1971.

'We've been visiting a hospital in a refugee camp outside Calcutta. As a result, one of those horrible silences has settled over us as we drive out of the camp now. As we stood by one ward a man collapsed in front of us as he was being brought in by his relatives. He was in the advanced stages of cholera. Five people died yesterday in that ward alone, of cholera. In the same place five babies were born.

'The mothers held up before us their little babies that looked as though they were dying. The tears were streaming down their faces as they reached over the barbed wire to where we stood. They just desperately asked anything that we could do to help. All we could do was to turn our backs and walk away.

'I wondered all of a sudden why I couldn't move my legs. I found there was a woman wrapped around them, holding my feet and kissing them, refusing to let them go. Tears ran down her face . . . It is very hard on such occasion not to weep also, and throw every penny you've got down.

'It's strange. When we left Calcutta this morning the conversation in this truck was animated. Ever since we left the camp there has been hardly a word spoken. We are just sitting, strong, grown men, with watery eyes, finding it very difficult to talk . . .'

Letter to Tear Fund from Lewes, Sussex. September 1971.

'After hearing your record on the East Pakistan refugee problem at our youth fellowship, we decided to raise some money with a sweet stall at school. This, in a large comprehensive, needs a lot of publicity.'

Letter to Tear Fund from Wigan, Lancashire. October 1971.

'After hearing the record of George Hoffman's impressions as he journeyed through West Bengal, our Church Youth Fellowship have decided that all funds raised at a forthcoming Hallowe'en Barbecue will be given to help refugees in India.'

Letter to Tear Fund from Hull, Yorkshire. October 1971.

'Thank you for the record by George Hoffman, dealing with the problem in India. I was deeply moved on hearing his most startling report. It is our intention to hold a special evening at our parish fellowship in November to illustrate this particular tragedy.'

Ben Wati, Secretary of the Evangelical Fellowship of India. October 1971.

'I am leaving for Assam tomorrow to visit the refugee camps. The EFI Committee on Relief (EFICOR) camp where we have erected the Tear Fund signboard is at Sesengpara. This is both a relief camp and a hospital situated just on the border of India and Pakistan. There have been shellings there and, in fact, our relief team have a bunker so that when there is shooting, they have safety from danger. Some weeks ago, just before I visited them last, a Pakistani shell burst right in front of our hospital. Fortunately no one was injured. But we thank God that our team seems to be doing wonderful work and the camps are thriving because of the dedicated men and women who are working there.

'Our work at Sesengpara is a very small work, but it has been so effective, that the government authorities, the Deputy Commissioner and the Civil Surgeon, have been pleading with us to supervise the feeding programme of all the 25 camps in that particular sector. We will need more personnel to do this. It is not a question of finance. What we want is dedicated men and women who will do an honest job, helping the refugees with love and compassion. I feel this is a real testimony to our united efforts in Sesengpara.'

Suggested letter to Sir Alec Douglas-Home. November 1971.

'I am writing to express support for the action so far taken by Her Majesty's Government in relation to the Government of Pakistan. I am deeply concerned that efforts should continue to impress on the Government of Pakistan the need to give the elected representatives of the people of East Pakistan their rightful place in the affairs of their state.

'In addition I urge that the British Government's contribution for relief in India and East Pakistan be increased. I appreciate that such a request might well mean increased taxation and I, personally, am willing to accept this increase.'

Tear Fund reply to a supporter's letter. November 1971.

'Thank you very much for your letter. We are most grateful for your keen interest in our work and for your promise of support for India. We feel a little concerned about your mention of possibly making a general collection in your village, because our terms of reference do not permit us to make that form of straight house-to-house collection. If, however, your group would consider carol singing in the area, for which we provide special materials, this would meet our terms, for it is collecting in return for an effort made on the part of Christians, and a form of Christian witness through the hand-out leaflets we can provide.'

Tear Fund Press Release. November 1971.

'Tear Fund launch their Christmas appeal this week with the hope of raising £22,000 for two specific relief operations among the refugees in India. Its aim is two-fold: to maintain an evangelically-run emergency relief camp near the North Indian border with East Pakistan, and to set up an "outstation clinic" based on a large and well-established Christian hospital in the centre of India. Already gifts from churches, youth groups, and individuals have enabled Tear Fund to channel £36,000 for use by EFI. Some 6,000 copies of George Hoffman's record have been distributed and these have moved many to contribute.'

Ben Wati. February 1972.

'EFICOR Relief Camp and Hospital at Sesengpara closed down on December 24th, 1971, after giving a Christmas Feast to hundreds of Hindus, Muslims, Christians and others in the camp and neighbourhood.

'EFICOR Relief Camp at Amtrong closed down on January 20th, 1972. By mid-February EFICOR operations in Meghalaya will wind up with all accounts audited.

'EFICOR is pledged to continue involvement in the resettlement and rehabilitation of returning refugees from West Bengal side. Our next project may include providing houses for 1,000 families or more, building village schools, erecting community centres, raising two or three village churches, repairing damaged hospitals, and providing basic family needs like lanterns, cooking utensils, etc.

'We rejoice at the birth of Bangladesh and salute the new nation of 75 million people and felicitate Sheikh Mujibur

Rahman and other leaders. We pray Almighty God for true peace, blessing and prosperity in the lives of all in the people's Republic of Bangladesh.'

1 NOT SO YOUNG AS ALL THAT

'I think Tear Fund does a lot of very good work; things like Pakistan and flood disasters . . .'

'It is the newness of it, I think, that attracts people's attention.'

'You see, people in Africa say they're not able to do this work themselves so they've obviously got to have someone to do it for them – and Tear Fund is helping there. Rather like Oxfam and all that.'

'Actually it wasn't the fact that it was Tear Fund that appealed to me. It was what we were raising the money for. The project was helping to equip a floating mission hospital on Lake Chad in Africa, and we knew we were raising money for a certain thing, rather than just sending out money "to help people" not knowing what it was going on.'

'I'd never seen posters like Tear Fund's before. They help because they set out clearly what we were trying to do and what was needed. One poster explained exactly which items in the floating launch were needed.'

'It was a record that mostly brought Tear Fund to our attention. It was a man on a bus, who had been out visiting refugee camps in Pakistan, talking about what he'd seen. Then we held an auction in aid of the floating hospital, to equip one of the operating theatres. We said we'd raise £1,000 and the auction brought in £700. With several other things we got over £1,000 altogether.'

'We saw the filmstrip at school. It didn't leave such a vivid impression as that record, but I do remember the crying of the starving child at the end . . . that was terrible.'

'I like the idea that the money is helping the cause of Christ as well as helping other people.'

This last comment about the Evangelical Alliance Relief Fund, a more cogent and considered one than its predecessors, came from the leader of the Wayfarers, a youth group from Lindfield, Sussex, who were interviewed about their impressions of Tear Fund. On the other hand, the comments of the young people, many of them still at school, several just starting their first job, do express a fairly typical set of reactions from young people to Tear Fund. Generally, they considered the fund to be go-ahead and 'with-it', but they were not always able to express clearly why they felt this. But they were sure it was doing a good job.

What they were not so sure about was Tear Fund's history and background. They seemed surprised to hear that 1972 saw the fund's fourth official birthday. Tear Fund had emerged into their orbit during 1971 and they were unaware generally of its existence before then. Young it might be — but not as young as all that.

Tear Fund's official date of birth, in fact, was May 1968, although its public birthday occurred some months later in November. The sudden awareness of Tear Fund during 1971, three years later, marks the phenomenal growth of the fund in that short space of time. The income for its first year in operation was £25,000 — for its fourth year it was over £200,000. Chicken-feed this might seem in comparison with the bigger agencies, but it is undeniably a success story in its own smaller sphere. Besides income, 1971 saw Tear Fund making its mark in the publicity field — The Wayfarers mentioned not only the posters and charts they had seen, but also two of the more imaginative audio-visual aids distributed by the fund during that year: the soundstrip *Down to Earth* and the record of George Hoffman's first-hand account of his visit to refugee camps outside Calcutta.

Moreover, although May 1968 saw Tear Fund

launched — on paper at least — the Evangelical Alliance, its parent body, had really been responsible for its conception, in the establishing of its Refugee Fund eight years earlier. Albeit, that is what some of those in at the beginning of Tear Fund feel. Others prefer to consider the fund an entirely new thing. But taking the former view seriously, the story of *They Can't Eat Prayer*, and the re-awakening social conscience of Evangelicals in Britain, must begin with refugees in 1960.

World Refugee Year, which began in June 1959, was intended to thrust the plight of refugees into the news. Everywhere the symbol of the outstretched hand, with the words 'Remember — and Give' beneath, reminded the public of one of the greatest scars on the face of a humanity more concerned with producing bigger and better atom bombs for the nuclear arms race than with feeding the hungry, or sheltering the homeless.

'The stark statistical truth is that the world today has forty million refugees, many of them herded into dingy and primitive camps, or sardine-packed into already over-crowded and dirty cities,' wrote Dr. Edgar Chandler, Director of the Refugee Service of the World Council of Churches in his book *The High Tower of Refuge*, published in 1959.

'The stark statistical truth', unpalatable as it might be, had to be faced, and the grim facts such as those revealed by Dr. Chandler were certainly used to good effect. In answer to British persistence, ninety-seven countries agreed to make World Refugee Year a reality, and by its close in May 1960 over £30,000,000 had been raised. Of that sum the United Kingdom had contributed £7,302,941 (in cash) and £1,816,408 (in clothing, houses, etc.).

Christians in the United Kingdom had responded magnificently alongside the many others touched by the reminder of the have-nots on their doorsteps. And among those Christians were Evangelicals, concerned that they should make some meaningful contribution.

The Evangelical Alliance Executive Council meeting in late January 1960 passed the following resolution: 'That in response to numerous requests the EA should set up a fund whereby gifts could be distributed to evangelical agencies engaged in caring for the material and spiritual needs of refugees.' The Evangelical Alliance, founded in 1834 to maintain and further the cause of evangelicalism in Britain, was well placed to channel money to 'evangelical agencies', having recently fathered a healthy and flourishing offspring, the Evangelical Missionary Alliance, many of whose member societies worked in countries with refugee problems. And, as if to prevent anyone from drawing back from the brink, *Crusade* magazine, the monthly inter-denominational periodical published under the EA's auspices, set the ball rolling by devoting its February 1960 issue to the theme of World Refugee Year. *Crusade* called it 'The Challenge of the Age', and drew attention to a number of societies to whom money could be sent, among them Inter-Church Aid and Refugee Service, the Oxford Committee for Famine Relief, and a couple of missionary societies working in Europe.

Even before the March issue of *Crusade* went to press, a flood of gifts had arrived at the EA's offices at 30 Bedford Place in Bloomsbury, ear-marked for refugee work but *not* for any of the seven societies the magazine had listed. The Christians reading *Crusade* apparently felt that the Evangelical constituency had a role to play here, and that the EA would be able to provide a suitable vehicle. So the March issue duly announced the creation of an EA Refugee Fund to which gifts could be sent. By the end of July, £1,683 had accumulated, and gifts continued to arrive, well after the end of World Refugee Year, with little or no prompting. The EA executives made suggestions to its finance committee for allocating the money, and gifts were subsequently sent to refugee work in Hong Kong and Europe.

The very first gift went, in fact, to the Revd. Henry Donnithorne and his wife, Gladys, ex-missionaries who had set up a small pioneer refugee work-centre in over-crowded Hong Kong. With only twelve square miles of residential space and a population of over two and a half million (larger than that of New Zealand) swollen by the presence of 750,000 refugees, the colony's authorities faced a herculean task.

Yet still the gifts came. The income for the first year was £2,687 and for the second £1,856. This raised the question of what the EA intended to do with the newly-established fund once World Refugee Year was over. The General Secretary of the EA at that time was the Revd. Gilbert W. Kirby, who commented: 'We felt we were making an evangelical contribution to World Refugee Year and really played it as it came . . . not knowing quite what was to follow.'

But in that case, why was the fund not killed off altogether? It was never given much publicity but it continued to receive a trickle of gifts over the next eight years, making disbursements at six-monthly intervals to a few missionary societies. At any point in time the EA could easily have disbursed the money in hand and discontinued the fund. What held them back? Was the deterring factor the constantly recurring problem of refugees?

As we follow the course of the fund, it becomes obvious that this was the case. At intervals some grim tragic event would remind EA supporters of the plight of refugees, and the flow of donations would be renewed. Most memorable of these crises was the tension in the Congo. As early as May 1961 the fund sent money to Africa for the aid of refugees from the Congo. With independence granted on June 30th, 1960, the country saw the snapping of some of the tensions that had been building up before that event. Worse was to follow. In January 1964 the reign of terror conducted by the Simbas (Lions) began in the province of Kwilu. In November the crisis reached its peak when the Congolese National Army, aided by paratroops, delivered Stanleyville from the rebels, only to find that many

Congolese and Europeans had been killed, and among them many missionaries.

By January 1965 the EA Refugee Fund received £1,765 sent specifically for the Congo, in only a few weeks, and at the thanksgiving and memorial service for those who had suffered, held on February 6th in London's Westminster Chapel, a further £775 was donated to help the families of those Christians who had been killed.

Societies most affected received gifts from the fund almost immediately — the Worldwide Evangelization Crusade, the Unevangelized Fields Mission, the Regions Beyond Missionary Union, the Africa Inland Mission and the Baptist Missionary Society. £3,000 was distributed by the end of February.

Surely on this wave of public interest the fund could have been brought to full life and vigour? Yet still this did not happen. Things subsided to their usual previous quiescent state and the income for the rest of 1965 was a mere £500.

True, there were distractions on the EA horizon, noticeably the first National Assembly of Evangelicals in September, and the hint of a possible change of leadership. The hint became reality in 1966 when the Revd. Gilbert Kirby announced his resignation. He had accepted an appointment as principal of the London Bible College.

Gilbert Kirby had served the EA as general secretary for ten years, and the Evangelical Missionary Alliance as secretary for eight, and so a major upheaval was ahead. It was not a good time for establishing refugee funds. On top of all this the EA was again responsible both for inviting Billy Graham to Britain to hold a major crusade at Earls Court in June 1966, and for the second National Assembly of Evangelicals, to be held that autumn.

The new general secretary appointed to succeed Gilbert Kirby was the Revd. A. Morgan Derham, a Baptist minister, and for many years editorial secretary of the Scripture Union. In gifts and temperament he was a very different man from his predecessor, and he was to play a role in the future development of the refugee fund.

The other two events, the Billy Graham Earls Court Crusade and the National Assembly of Evangelicals, combined to thrust the subject of evangelism and evangelical unity into the arena of discussion. The Evangelical Alliance, committed as it was to the cause of unity — 'Spiritual Unity in Action' was its motto — found itself on the receiving end of some rather unfortunate publicity. Not only were Billy Graham's methods attacked, but also the public confrontation between the Revd. John Stott and Dr. Martyn Lloyd-Jones at the opening public meeting of the Assembly gave further cause for dismay. Suddenly evangelical unity, seemed in danger of disintegrating, and over the next few years the controversy was to be heated and often hurtful.

Rather than dwelling on painful and often negative divisions about evangelism and the nature of the Church, visible and invisible, the EA entered 1967 looking for projects where worth-while co-operation among Evangelicals could benefit others in need. Projects ranged from work amongst drug addicts to film evangelism and youth work.

So it was, at the EA offices, that new ideas and new faces gave a fresh aspect to the refugee fund in particular. Firstly, a few months before Morgan Derham took office, the Evangelical Missionary Alliance appointed a new part-time secretary, Mr. Ernest Oliver, general secretary of the Regions Beyond Missionary Union. Ernest Oliver's experience abroad as a missionary and at home as a missionary society executive, was to prove invaluable in the formative period of the fund. He started his work in Bihar in 1935 and returned to Britain in 1961.

Furthermore, Morgan Derham was beginning to 'push' certain of the EA projects into prominence in committees and publicity. The refugee fund suddenly found itself undergoing a metamorphosis.

That autumn (1966) both *Crusade* and the EA's own

quarterly *Broadsheet* had made mention of funds sent by the EA to needy Christians in war-ravaged Vietnam. Then in the spring of 1967 came the first reference to something called the EA Relief Fund. No more is heard of the refugee fund after this.

The widening of outlook from refugee to relief was Morgan Derham's doing. In fact, he decided that the new fund needed a new name and that it should have its potential assessed by a new temporary member of staff, Mary Jean Duffield.

2. TESTING THE WATER

Mary Jean Duffield came to the Evangelical Alliance because of a famine. She had been applying for university places, and was looking for a temporary job, one that would earn her a great deal of money. When she received a letter from Morgan Derham, mentioning a vacancy at the EA, she was tempted immediately to refuse — there was not going to be much money in that, she was quite sure.

But something made her take the offer seriously. That something was the prediction of famine in Bihar. During Christmas 1966 she had been reading in the Sunday papers about the famine expected in 1967, and the many, many people who were to die because of it. As she recalls, 'I was incredibly moved by those predictions and felt that somehow God was going to let me do something about it.'

Mary Jean half expected to reach for her cheque-book, but her instinct would not let her just send off some money without thinking pretty carefully first. It was at this point that she was invited to meet Morgan Derham and came for interview, expecting to be offered some sort of typing job. As he explained that he wanted her to research into the fund-raising aspects of the Alliance's work, and mentioned the various funds, Mary Jean felt that this somehow tied in with that famine in Bihar.

Mary Jean joined the staff in January 1967 to look at two particular funds: the Scholarship for Overseas Students studying in this country (there was some money in this fund to be disbursed, and at least half the work was sorting out applications and assessing the future), and the refugee fund. Again, Mary Jean was to look at the fund's background and its present and future potential. It soon transpired that the Scholarship Fund was not going to grow. But things developed very differently with the Refugee Fund.

There seemed to be little or no previous publicity that she could find, and it was decided that the existence of the fund should be made known in order to test the response of the Christian public. What Mary Jean did find, of course, was a number of ledger entries in the accounts under the heading *Refugee Fund*. Among these one name in particular caught her eye — that of I. Ben Wati and the Evangelical Fellowship of India. This was where the terrible famine that she felt so strongly about was brewing up. It was particularly satisfying to be able to send money to India for famine relief during her time at the EA.

On top of her researches into the past, Mary Jean spent a fair amount of time looking for likely new projects. This didn't prove easy. It wasn't a case of talking to people, as she put it, because nobody seemed to want to talk to her. 'I think they thought "Here's a 21-year-old girl who thinks she can change the whole evangelical world." No one took me seriously, and even the EA took some time to find me a desk!

'We sent out a questionnaire to about 25 missionary societies, but only about one inquiry resulted — on behalf of Austrian refugees. I also went through a good deal of literature of all the agencies and missionary societies seeing what was being done, and what areas of need there were. But I didn't go much outside the evangelical world as that was the main concern. Though I must admit this was a narrow outlook I did not fully understand, having had a sort of upper class, Anglican, boarding school background.'

Three areas dominated the relief scene that year: Jordan and the Middle East, India and Vietnam. With the sudden crisis of the Six-Day War, the plight of Arab refugees was thrust into the limelight. It was decided that the EAR Fund, as it was now called, would arrange for clothing to be sent to Christians working among the refugees. Morgan Derham was very enthusiastic about this, but Mary Jean had doubts. A young couple, Howard and Nora Norrish, former missionaries with Operation Mobilisation, agreed to be responsible for seeing that the goods reached the missionaries in Amman, Jordan, while the EA provided the necessary publicity. Mary Jean comments: 'I think we expected future projects to be similar. However, that wasn't the case. Yet until we tried we weren't to know. And people do love to send goods in kind and not just money.'

EAR Fund went into the matter fairly thoroughly and formed its first committee, which included Dr. Richard Bird, who had served in the Middle East and was to become a member of the Tear Fund committee some years later. Its job was to vet the Jordan project — a task that included explaining to one donor that it might be unwise to send to Arab refugees in a Muslim country clothes with biblical texts sewn into them.

Meanwhile Howard Norrish had arranged a depot for the clothes at Gillingham, Kent, and was making headway with plans for their despatch. A press release, the first ever, was issued on 27th, July, 1967 stating 'Between 100,000 to 150,000 refugees from West of the River Jordan have crossed to the East since the outbreak of hostilities in July, swelling the number of homeless Jordanian refugees to a figure in excess of 800,000 . . . A group of evangelical Christians in Jordan, under the leadership of Mr. and Mrs. Whitman — who have served as missionaries in the area for the last 40 years — have undertaken to distribute immediate, emergency relief on a person-to-person basis to these refugees. Most are in need of food, shelter and clothing. Gifts of money (primarily) are urgently needed and will be forwarded to Jordan without delay by Evangelical Alliance Relief, the newly-constituted channel for direct aid, linking evangelical churches and missions around the world.'

Mary Jean's advertisement followed the press release, being published in the *Christian Herald* in August. She was very proud of it. It asked 'Could you live on 8½d a day?' and went on to explain: 'That was the average daily amount spent on each refugee last year.' The advertisement appealed for money and clothes for the refugees and as a result gifts of both came in increasing quantities. Quite a number of the parcels found their way to Bedford Place instead of Gillingham, and all sorts of unforeseen snags delayed the completion of the operation. But eventually the goods were on their way. 'It took much longer than we'd ever expected,' Mary Jean recalls. 'Especially the shipping out of the goods. When I left, the project hadn't really got going.'

During her months at the EA Mary Jean had often felt lonely and rather frustrated, but, on the credit side, she maintains that she found her flair for research and economics while working there. She had intended to do social work when she had completed her course at the London School of Economics, but this discovery made her realise that, though she was happy with the theory, she was not so sure about the practical side.

Morgan Derham, however, recognising her frustration, felt it might be relieved if they tried out her ideas on other people about fighting poverty, to see if she could spark off some response from others with her ideas about economics, investments, long-term aid and so on. They also wanted to find out why people were not responding to some of the appalling needs overseas.

After some difficulty, two groups were gathered. One comprised younger friends of Mary Jean's — 'I tried to take a cross-section of different types to make the group representative' — and the other consisted of Christian businessmen — 'I was particularly interested in the investment angle of poverty as part of the economic structure. I wanted to know what Christian businessmen felt about making money out of other people's poverty. We had some difficulty getting this group together, but with the help of St. Helen's Church, Bishopsgate, and the Inter-Varsity Fellowship we managed it.' One of those who joined the second group was John Boxhall, who was later to serve on the Tear Fund committee.

The reaction of the two groups varied. Mary Jean found the St. Helen's one particularly instructive, and soon realised that there were potentials and limitations in the attitudes of the members. 'If you got on to the subject of investments they were fairly defensive which is understandable, and there was some good hard-headed "is this a practical proposition" type of stuff. The younger group was more easily moved at the thought of suffering and responded with "What can we do?" but beyond this general willingness there was a blockage, a refusal to look at the problem of world needs in terms of structure.'

The latter group resulted in one young man, working at the time in a Bond Street art gallery, reconsidering his future. He had been very interested in a career in art but later went to train at the agricultural college at Cirencester. 'He told me that the group had been very important, making him think seriously about what he really wanted to do with his life.'

One idea that Mary Jean and Morgan Derham tried out on the two groups was that of investment unit trusts to aid developing countries — 'we even wrote and presented a paper on the subject' — but there was no overwhelming support for the scheme. As Mary Jean comments ruefully, 'There are certain things in the ideology of Evangelicals that makes it difficult for them to invest in anything that might involve risk.'

By the time Mary Jean left the Alliance, the Revd. George Hoffman, Assistant Editor of *Crusade*, had been invited to join the staff, taking on much of the work of EAR Fund. When it came to handing things over to George Hoffman, Mary Jean wasn't quite sure how to go about it. 'He wasn't the sort of person who would sit down and take it all in. He would say "Yes", but probably go away and discover how to run the thing for himself. I can recollect showing him the system we'd devised for vetting applications for money. It was a very small, simple sort of mechanism for a very small fund.'

Unaware at that time of the speed with which the 'very small fund' was going to grow, Mary Jean began her course at the London School of Economics in the autumn of 1967. Besides handing things over to George Hoffman, she made some suggestions for possible committee members if and when an official EAR Fund committee was created. 'Again, I felt pretty strongly that someone with a knowledge of economics should be invited, someone who could understand the background to the problems. But none of the people I suggested became members —instead they asked me! And that hadn't been what I'd intended at all!'

However lonely or frustrated Mary Jean may have felt, the Evangelical Alliance and Morgan Derham in particular were no longer in any doubt that the social conscience of Evangelicals in Britain should be re-awakened and that this was happening as opportunities for relieving physical and social needs were being made known. But the problem still remained of how best to make the Christian public aware of EAR Fund and what it hoped to do.

'There was this relief/refugee fund when I arrived,' Morgan Derham reminisces, 'that had never done much because it had never been promoted as a separate activity of the Alliance. But as Mary Jean and I looked into the matter we discovered quite a number of Christians who wanted to do something to relieve suffering. It was time to take this matter seriously. Evangelicals were waking up to their social responsibilities; the refugee fund was far too limited, and so we thought of "relief". We had the idea of saying "Give EAR to human need."

'I've always had this thing, too, about removing the evangelical alibi for not giving to social need — the aim from the start was to break fresh ground, bring in new money. And partly in our minds was the obvious fact that the older, traditional sort of missionary appeal wasn't getting through to the younger generation. I felt that a properly handled relief fund would, in the end, draw young people into a missionary concern.

Part of the fund's job was to educate its supporters into seeing their responsibility was not just to give to social need — this is only one part of their global response as Christians.'

Morgan Derham foresaw the missionary societies being the main beneficiaries from the fund. In the brochure he and Mary Jean produced that summer, four societies were listed as already receiving support: the Sudan United Mission, the Regions Beyond Missionary Union, the Worldwide Evangelization Crusade, and the Evangelical fellowship of India. And support was, of course, going to missionaries in Jordan, though this experiment in sending goods helped to prove that 'money is best' if relief was to be speedily and efficiently given.

What had Morgan Derham foreseen in the way of developments for the fund? 'As to the fund's future — I saw it as a swallowing up of the old refugee fund. I didn't want there to be any hangover. This fund was to be far more comprehensive in its outlook. Yet there had to be limits, of course. We would not encourage the collection of money from general sources such as house-to-house collections. It was to be a Christian effort.

'As Christians we have this awareness of the New Testament responsibility to the members of the "household of faith". We stress that the fund is for Christians to give to all in need — and the money will be administered by Christians. This we felt would prove to be one of the more efficient methods, because you have Evangelicals on the spot overseas, missionaries whom you know you can rely on to watch what happens to the money we send.'

The plan was two-fold. EAR Fund was to send immediate relief as well as long-term development help. The immediate problems were finding good, worthwhile projects to support, and sorting out a policy for future action. In a sense this groundwork was left to George Hoffman, for Morgan Derham left the staff of the Alliance in 1968 to work for the United Bible Societies as information secretary.

3. IT ALL BEGAN WITH REFUGEES

Gladys Donnithorne paused as she caught sight of the frail old lady huddled against the wall in the pouring rain. The old woman was crouching under a piece of matting, her only protection from the weather.

'Haven't you anywhere to go?' she asked.

The elderly Chinese lady drew herself upright very proudly and said with oriental dignity: 'This is my home.'

Poor old thing, thought Gladys. What if she was my mother? How would I feel to see her like this, soaking wet and homeless? It was seeing that old lady that made her realise that she and her husband must do something for the old people among the refugees in Hong Kong.

Gladys Donnithorne is a small white-haired old lady able to walk only with the aid of a stick – a woman who should have settled down to a well-earned retirement years ago. But, now a widow, she is back in Hong Kong, busy with the schools and work among old people that she and her husband started. She explains more fully how these came into being.

'My husband and I came to Hong Kong in 1958. We'd been in China for 34 years as missionaries with the Church Missionary Society, when Henry was taken ill. He had to go to India for an operation, leaving me alone in Pehpei, Szechwan, on the borders of Tibet. The Chinese were wonderfully good to me, but then the Communists took over and cut off all our support. They said I must leave and pay my own passage.

'In order to get the money I needed for travelling I had to sell all my household goods. So the church people made stalls and helped me to sell my things, mingling their own property with mine to make more money to help me. Wasn't that good? Then I had a little money and was ready to leave. But no sooner had I packed everything up than four communists came to see me and demanded that I unpack all my boxes again.

'As I went along unpacking they kept saying, "Oh you don't want to take this away with you, do you?", and they would take things and put them on one side. Eventually they took our typewriters and started playing with them. Now, English was not well understood and they did not know what to use the machines for, so I spoke up and said so. "You don't know how to use those," I said. "They are very useful to me so I'll take them with me." And I just took them back again!

'In the end I escaped to Chungking, where I got a boat to Shanghai. I didn't meet up with my husband until I reached India; then we went home to England for him to convalesce.

'However, when he was fully recovered we returned to Hong Kong. We chose to do this because it was the nearest spot we could get to China, and we wanted to be with the Chinese. There were many millions there from Mandarin-speaking areas, and we spoke Mandarin. So we settled down, making our home in Hong Kong and soon becoming involved with the desperate needs of the refugees.

'Hong Kong was packed full of them at that time, of course, and the Government, after a series of fires among the settlements, realised that the small buildings were quite insufficient. They began to build eight-storey flat-roofed blocks with a room at either end of the roof. This room on the roof seemed ideal for work amongst refugee children, and we decided that we would apply for permission to develop this. When we first started the children's work we called it a centre, but so many parents came to us asking if it could be a school, that we changed our minds. You can imagine the need for schools in that situation. We concentrated on schools after that.

'The old people's work, meanwhile, had been set up in

Shatin (Sand Fields). There was a building there that the Girl Guides had been using but which was no longer suitable. My husband and I got through to the Commissioner and we were able to buy it. I can remember the excitement. It was only small, two rooms with a wide verandah, but enough. Then, because of red tape over the exchange of money, we had to put a caretaker in for eight months before we could actually take possession.

'Into the building we eventually moved these Chinese old ladies that we wanted to care for. And we also took in an Australian lady. She had been in a social welfare camp for ten years and the welfare people got hold of us and said, "Look, this old lady's been here for ten years. Now we've got a collection of much younger people who are very noisy and disturbing for her. Can you take her?" So I went to see her and she was very happy to come.

'We started with ten old ladies. And now, some ten years later, we have two homes with 68 ladies in our care. We had no regular support in those early days, no society behind us, as we were retired missionaries. It was wonderful how the Lord brought us the money even though we were independent of any official backing. We were particularly grateful to the Revd. Gilbert Kirby for the support the Evangelical Alliance were able to give.

'The earliest start with the children's work had been in a hut in a refugee centre called Shekkip Mei Centre. We had obtained a hut there soon after we arrived in Hong Kong, but after the terrible fires there were so many homeless that these stone buildings with the flat roofs were put up. We applied for the use of the rooftop rooms and, due to the delay over the old people's home, the children's work was well under way before we had the home really in operation.

'The children came from different parts of China so that we could speak Mandarin to some and not to others. This meant we drew in other workers who spoke Cantonese. Local Chinese people offered and one man has been with us for nine years.

Money came too from local Christians, but support has also reached us from the United States and Britain.

'We have started some new expansion with the old people's home. There are these 68 old ladies at Sand Fields now; it is much too crowded. Four in a small room is too many. We should have a new building because it is meant to be their home. We try to impress on the old ladies that it is "home", their own place, but we have this problem of space.

'The ladies can't sleep in bunks; the government would not allow it. So each of the four ladies in a room has a bed and a little cupboard. It just isn't enough to make it homely, and they are so inclined to have petty squabbles if they are too close together. Especially about their hot water! They each have their thermos filled with hot water and they are always sure that one of them has got more than the others! But in comparison with other refugees, I know they have a great deal, yet the situation is not getting any better.

'We don't ask the old people to pay anything, so funds for a new building have to come from elsewhere and I am not sure if funds that we were promised are going to be forthcoming. Tear Fund has helped us and may do so again.

'In 1961 we started a work in the old walled city also. We visited first then started to hold a small service. Then we began a little school. We called the work Oiwah (Love the Chinese). The area had to be seen to be believed. The poorest of the people live there. The narrow passages are only just wide enough for two people to pass along, all dark with slippery steps. It used to be a great centre for drug addicts, though a lot has been done to re-house people from that area.

'We have just a small group of Chinese meeting regularly there, and, of course, the children number about 350 in the school. They have a Sunday school also, and we have a service every Sunday evening. Meanwhile in the rooftop school we have over 600 children, where we originally started with 40. The children pay what they can towards their lessons there, but in the old walled city there are some "sponsored" children who are not able to pay. Some 180 children have been supported in this way by World Vision of America.'

Morgan Derham, on one of his overseas trips, visited Gladys Donnithorne and saw the rooftop schools in Hong Kong. This work continues to do a service for young and old in the desperately over-crowded conditions there.

4. THEY CAN'T EAT PRAYER

George Hoffman had considered journalism as a career when he first left school, but before he could do anything about it, national service claimed his attention. During his two years in the RAF he was converted through the friendship of a PT Instructor, and returned to the north-west and business in Liverpool before deciding that God wanted him in the ordained ministry. For five years he studied in Bristol, then served two curacies, at Wimbledon and in Edgware, Middlesex. It was during the second that he accepted the appointment of assistant secretary to Morgan Derham, remaining assistant editor to *Crusade* for one day a week, a job he had already been doing for some months.

On his arrival at Bedford Place, George was handed twelve files and asked to take a good look at the EA projects they contained. The files covered such activities as Christian work among drug addicts, prison evangelism, youth work, film evangelism, literature work and a scholarship fund. There was no file on the refugee fund, but instead George had the results of Mary Jean's researches and the items of promotion that had been produced.

It was up to George initially to steer and watch over the development of the EAR Fund, among his myriad other commitments, and at that time it was just one among a number of jobs he was landed with. However, he was keen to set the fund on a secure footing, if nothing else.

'The main thing I felt unhappy about when I looked at the fund more closely was the fact that it was left to Morgan Derham and myself to allocate the gifts that were coming in. I suggested immediately that we form a proper committee — but I was determined that this should be a real "working" committee of people with ideas and qualifications who could contribute constructively,' he recalls.

Some names, George considered, were obvious from the start: Ernest Oliver's, for instance. 'We saw the potential of working closely with the Evangelical Missionary Alliance, with its worldwide contacts through its 80 or so member societies. Also Ernest Oliver had had many year's experience as a missionary in Bihar and Nepal, and as a mission executive in Britain.'

John Boxhall's was another name that immediately suggested itself, for he had helped Mary Jean with some of her research, and he had had overseas experience in a number of government posts in Tanzania over a period of twelve years. An administrator by profession, he was working for London University as secretary of the Institute of Advanced Legal Studies.

It seemed natural to George that Mary Jean should also be invited to join the committee, continuing the link already formed. 'She was a stimulating person, constantly asking awkward questions about the right and economic use of money overseas, about long-term effects of relief, and about the possibilities of investment.'

George felt strongly that if EAR Fund was to come alive at all, it would have to catch the imagination of young people. For that reason he invited Pete Meadows, then a young graphic designer and copy-writer, now a full time director of Musical Gospel Outreach. George recalls that he first met Pete on the EA's Standing Youth Conference Committee, and had read *Buzz*, the monthly newsletter produced by MGO.

'Finally we needed a chairman — and we needed someone with a head for figures. I suggested an old schoolfriend who was practising accountancy in London, and was delighted when Glyn Macaulay accepted.'

While this gathering of a committee was taking place, George Hoffman was trying his hand at a little publicity. For Christmas 1967 he mailed an appeal letter to all the ministers and church secretaries on the Alliance's mailing list, enclosing a brochure about the fund. The letter suggested that they might consider donating all or part of the Christmas offering to 'our newly established Evangelical Alliance Relief Fund'. In the new year, to keep the interest growing, he produced the first *Relief Fund News Bulletin* to be included in the EA's usual quarterly publication. It told supporters of the EA that 'up to the end of 1967 the Fund received approximately £5,250.' In the second quarter, readers were told 'so far this year we have received £4,000 which is more than four-fifths of last year's total.'

Income was definitely growing, and eventually George had to call on part-time help to cope with acknowledging the gifts. The advertisement he placed in the *Homes & Parents* supplement of *Crusade* in March brought in £1,590 in a month — a record at the time! That was the first advertisement he had placed and he immediately followed it with a press release, indicating that '£5,000 had been allocated to a variety of relief projects in areas ranging from West Africa to Hong Kong. An emergency gift of £250 had been sent by EAR to help house the homeless in flooded areas of Northern Argentina recently.' The press release found its way into the pages of *The Christian*, the now-defunct inter-denominational weekly owned by the Billy Graham Evangelistic Association. This was probably the first occasion the fund had received publicity outside its own official constituency.

Nearer home, January 1968 had brought some harsher facts to bear on the infant fund. Charitable cause or not, it could not exist entirely free of charge while using all the facilities of the EA, and the parent body was beginning to weary a little of carrying such an apparently healthy youngster without some visible means of support. 'So far these funds have been administered without any charge whatsoever,' the official minute states ominously and continues, 'It was agreed that a 15 per cent charge would be made for administrative services.' This compared well with Oxfam's (20 per cent) and Christian Aid's (17½ per cent) at that time.

EAR Fund held its first official committee on May 29th, 1968. Glyn Macaulay was in the chair and the members present were Morgan Derham, George Hoffman, John Boxhall, Ernest Oliver, Mary Jean Duffield and Pete Meadows. A 'state of the party' address, made by George Hoffman, outlined the ten disbursements made by the fund: support for a Biafran student in Britain; medical and welfare work in the Chaco, refugee work in Hong Kong, famine relief in Bihar, refugee work in Amman and Abdelliyeh, Jordan; agricultural work in Northern Nigeria, medical work in Paraguay, and rehabilitation work in Danang and Saigon, Vietnam. After a subcommittee had been chosen to look more closely at the fund's policy, publicity was the item that took the floor. The countdown for Tear Fund had begun.

At the second committee in July, Pete Meadows voiced his concern over the name EAR Fund and suggested that an improvement would be Tear Fund — The Evangelical Alliance Relief Fund. The committee agreed and Tear Fund became reality. But, as Pete put it, 'a new name is not enough'. He wanted to see the Christian public first informed about the existence and function of the fund — then about how to support it. 'I feel that before the public will respond to direct-appeal advertisements they will need to understand what Tear Fund does.' To do this Pete wanted to see regular press releases to the religious and secular press, a budget for 'informative' advertisements, to be placed in journals giving editorial coverage to the fund, and then, later, a budget for direct appeal advertisements.

All this might sound predictable coming from a 'PR man' but there is little doubt that Pete Meadows' ideas were sound ones. The name 'Tear Fund' is just one evidence of that, let alone the stark black and white image, the use of tear-shaped letters and the general impact the fund has made on the evangelical constituency in particular.

Pete's suggestion for a first shock-tactic slogan was not entirely popular with the Christian public, however. 'They can't eat Prayer' was the theme of the first Tear Fund exhibition stand, and 'I Can't eat Prayer' the theme of the first poster. It was agreed that the first public outing of the infant fund would be the Christian Holiday Crusade held annually for a week in September at Butlin's Holiday Camp, at Filey in Yorkshire.

Pete was responsible for designing the large Marler Haley display stands for the exhibition, and decided to stick to black and white for his colours. Attention was centred on the gaunt faces of Vietnamese children, eyes fixed beseechingly on the onlooker — the slogan displayed boldly alongside. The first bulletin poster issued in September carried the same picture with the slightly altered message.

Looking back at that somewhat controversial choice of words, George Hoffman explained that they weren't chosen lightly: 'We thought an awful lot about it before committing ourselves, yet when one thinks again it is just what Isaiah was saying: "What to me is the multitudes of your sacrifices, says the Lord . . . I have had enough of burnt offerings . . . seek justice, correct oppression, defend the fatherless, plead for the widow . . ." But despite plenty of thought there were those who were critical of what they thought was a suggestion that prayer wasn't enough.'

But for George, now deeply immersed with launching the fund, Filey was not the big test in 1968. The experience that made a far greater impact, in his estimation, was the reaction to his address given at the second National Assembly of Evangelicals in October. The subject? 'World Poverty and Christian Responsibility?' In the wake of 'They can't eat Prayer' came a few more pin-pricks to the already sensitive evangelical conscience. In the course of his address George was to draw attention to the imbalance between the haves and the have-nots: 'This came home to me recently when I heard that in this country there is one doctor to 830 people, whilst in the Indian regions of South America, where Tear Fund has been helping, there is one doctor to 57,000 people. For too long, I believe, we have chosen to ignore hard statistics that speak for themselves: 60 per cent of the population of developing countries suffer from malnutrition. These problems get bigger every year. Last year for instance, there were 70 million more mouths to feed than the year before, but the total amount of food produced was the same.'

Perhaps the statistics are sadly all too familiar now, in our doom-watching society, but they hit home with a freshness then, and the whole address got a tremendous reception. The accompanying resolution was passed unanimously: 'We confess that as Evangelicals we have, to a large extent, failed to realise our social responsibilities and acknowledge our corporate involvement in meeting the physical as well as the spiritual needs of men . . .'

'I passed the Rubicon then, I think,' commented George Hoffman. 'None of us was sure that the idea of an evangelical relief fund was going to catch on, and I certainly never expected that speech to get the reception it did. Afterwards a great surge of interest — letters, telephone calls, inquiries — and gifts resulted.'

By the end of 1968 the staffing situation for the fund was fast becoming ludicrous. Coping with the gifts was sufficient in itself, without the EA projects which George was handling, but as he and his secretary, Jenny Champness, were now working 'flat out on Tear Fund' something would have to go. Regretfully George parted company with some of the EA work he had been handed by Morgan Derham. Furthermore, the part-time help of Mrs. Margaret Dewdney was also coming to an end. Her husband, Capt. John Dewdney of the Church Army, had been appointed head of the CA in New Zealand. The need for further help was urgent.

Recognising this, George Hoffman asked Morgan Derham to invite the Revd. Charles Phillimore to join the EA, with particular responsibility for the financial and administrative side of the fund. Charles Phillimore was a Strict Baptist pastor, forced by heart trouble to give up his work in Basildon, Essex. His comment on being offered the job was, 'Finding employment at my time of life with a history of ill-health was not easy — that invitation was all the more welcome because of that.'

Autumn 1968 saw developments not only staff-wise but also in the fields of publicity. Pete Meadows was beginning to lay the foundations of a publicity programme, still working in advertising and donating his time to the fund. It was agreed that once MGO Graphics and Pete were launched more formally as advertising consultants, Pete's services would be paid for. This happened about nine months later.

Looking back at those early months, Pete recalls that not only promotion but also policy matters took a considerable amount of time. 'We were trying to iron out where the emphasis should fall in our promotion. We felt we should stress that the fund would give to *all in need* — but that as Evangelicals we had certain priorities. I felt strongly that we should not be a "closed shop".'

Pete's explanation of the choice of name, Tear Fund, is simple. 'We had to do something about EAR Fund — it sounded like a mission to the deaf!' And Pete's first impressions of the infant fund were very optimistic. 'I didn't see how it could fail — besides a good name you had a hand-picked committee and no inheritance from the past to cope with. It was "all systems go" from the start.'

Optimistic or not, the slogan for his first display-stand and poster got 'quite a few complaints — mainly from ministers with small prayer-meetings who said we were knocking prayer.' Unrepentant, Pete still thinks it was one of the best slogans the fund has used.

That first poster was the start of a bi-monthly series of 'bulletin posters' to be mailed to all supporters. Why a poster? 'This was to avoid the material ending up in the over-worked church secretary or minister's waste paper basket. Just pinning up a poster demanded very little effort.' Black and white format was chosen to look as spartan and money-saving as possible ('without looking cheap, of course') and another colour was not introduced into the fund's promotion until 1972.

'As to the size and shape of the poster,' Pete commented, 'you can blame that on the GPO. They threatened to bring in "pop"-size envelope regulations so we designed a poster to fit the largest "pop" size. Then, months later, nothing happened. I think the Post Office has a lot to answer for; many churches and charity organisations spent cash they could ill afford on changing the size and design of their publications, all for nothing.'

Tear Fund held its official 'christening ceremony' as far as the religious press was concerned on November 8th, 1968 — the first Tear Fund Press Conference. The novelty of the fund could be relied on to attract interest, and the occasion was to serve several purposes: it was obviously to introduce Tear Fund to the Christian press, and also to make its committee and policy public knowledge; furthermore it was to get advance publicity for the Tear Fund 'gospel concerts' planned for early January at the Royal Albert Hall.

To make the occasion that little bit different Mary Jean Duffield provided some 'props', and ideas for lunch. What could have been a rather 'hack' occasion received a touch of the Lord Mayor's banquet. Few of the journalists who came expected refreshments to be served in silver dishes at a table graced by silver candlebra, and few expected to be offered a menu of Rice Krispies, powdered milk and fruit. But the handout given to each representative of the press was straightforward enough, explaining that this was the diet of millions, if they were lucky, and it went on to spell out what Tear Fund stood for.

The religious press, at least the evangelical wing of it, was in good attendance, including *The Life of Faith*, the *Baptist Times*, the *British Weekly*, the *Sunday Companion*, *The Christian*, the *Church of England Newspaper* and *Crusade* magazine. Nearly all the press reports managed to mention the menu for a start — journalists are obviously food-conscious! Some reported almost verbatim what was said, like *The Christian* and *Baptist Times*, while the *Church of England Newspaper* and the *Sunday Companion* went further and added personal comments, perhaps the most positive coming from the latter: 'This new relief fund is to be recommended to all readers of the *Sunday Companion.* If up to now you have hesitated to give to relief work because of religious bias, here is an opportunity to assist those for whom you pray.'

A few weeks later, *The Christian* (December 13th) in a leader, added a further word of welcome in mentioning the visit to their office of a pastor and his wife, without funds, who had 'found it necessary to leave a land where communist oppression is currently heavy' and whom Tear Fund had been able to help. 'This is one type of situation which the Evangelical Alliance Relief Fund exists to meet from its office in Bedford Place. Immediate help was forthcoming. We have classed this as one type of situation, as the fund operates in many different areas throughout the world. From the above address further information will gladly be supplied of this project which we most warmly commend to our readers.' The unsolicited testimonial was as warm as it was welcome.

The *Church of England Newspaper* for December 6th, reporting the 'Songs of Praise' programme televised from Holy Trinity Church, Manchester, where Cliff Richard, The Settlers, Michael Baughen (then the Vicar), and the young people of the church had created quite a memorable programme for BBC1 viewers, added: 'Cliff and The Settlers will be repeating their successful continental production *Help! Hope! and Hallelujah!* at the Royal Albert Hall, London, next month in aid of Tear Fund (The Evangelical Alliance Relief Fund).'

5. GOING INTO EUROPE

Pastor A's face lit up with joy when Dave Foster handed him the gift of £250 from Tear Fund.

'Brother X is in great need at the moment, I know,' he explained to a puzzled Dave. 'He will be overjoyed to have this. I'll take it to him immediately.'

Dave looked a little embarrassed. 'Well, it's a bit difficult. That money was specifically sent to you and not Brother X. And anyway, he is the very next name on our list of Christian leaders in need in Eastern Europe and will get a gift next time I'm through here. Please keep that.'

'No. I am sure that I should give this money to my brother in need. I could not keep it and have peace of heart.'

Dave Foster had to leave it at that, knowing that Pastor A was perfectly within his rights to donate the money to whom he chose. It was up to Dave to explain to Tear Fund why money for Pastor A had actually ended up in the pocket of Brother X. It was just one of the snags and responsibilities he had accepted when he agreed to be Tear Fund's adviser and liaison officer on the Continent, coupling the duties with his travels on behalf of his own organisation, Eurovangelism.

On his advice Tear Fund duly ear-marked the second gift for Eastern Europe for Pastor A, and on his next trip Dave was delighted to see it accepted gratefully. Pastor A was full of what had happened since they last met. He had arrived at Brother X's home to find that he and his wife were praying over a bill related to his Christian work that they were unable to pay. 'He just did not know what to do,' explained Pastor A. 'When I arrived he was making a list of the various possessions they could sell, things like his small phut-phut motorcycle that he used to get about on. Yet even listing these things hadn't raised enough money.'

Pastor A asked how much money they needed, 'And do you know? It was exactly what you had given me in local currency! So naturally I felt sure the Lord wanted him to have that money. And oh! They were so happy to receive that gift.'

This is just one of the person-to-person encounters that throng Dave Foster's travels in Europe, alone or, as quite often happens, accompanied by George Hoffman or other friends, such as Cliff Richard, Cindy Kent, and Mike, John and Geoff of The Settlers. In fact these five accompanied Dave Foster when *Help! Hope! and Hallelujah!* had its continental première.

The idea of a continental gospel-song tour for Cliff had first been worked out in the back of a mobile canteen during the filming of the Billy Graham film *Two a Penny*. 'Wouldn't it be great if I could introduce you on the Continent as a Christian as well as a performer?' Dave suggested to Cliff, who agreed. As a result three concerts were eventually presented in 1968 as projects of Eurovangelism, raising funds for local charities. When Cliff saw the potential of the concerts he expressed the desire to do something similar in Britain — and Tear Fund provided the opportunity.

Dave Foster's first contact with Tear Fund, however, had been on a more mundane level. After the Russians invaded Czechslovakia, a young Christian, Otakar Vozeh, fled to Britain. With his wife expecting their first child, he was desperately searching for work, but without success. Both Tear Fund and Eurovangelism sent him a gift on hearing of his plight. As Dave Foster recalls 'He was down to his last tanner when he unexpectedly received a gift of £50 from Tear Fund and £75 from Eurovangelism. It was a case of the right hand not knowing what the left was doing in those days.'

Tear Fund and Eurovangelism now try to work in co-operation, especially about money that is sent into Eastern Europe, and almost everything the fund does in that area is channelled through Eurovangelism's Eastern Europe Relief Fund. Dave Foster explains, 'We have a scheme whereby donations from Tear Fund for Europe are topped up by Eurovangelism, and I often personally supervise the disbursements.' And when he can, George Hoffman joins Dave Foster on his travels.

The first occasion was in 1970 when, with Leslie Edgell of the Slavic Gospel Association joining them for part of the journey, George and Dave travelled through Yugoslavia, Rumania, Bulgaria, Hungary, Czechoslovakia and Poland.

'People tend to think these days of the affluent West, and just do not realise that Europe has tremendous needs,' Dave Foster says. It is true that the grim refugee situation of twelve years ago has eased considerably. Though there are still a number of refugees, especially in Austria and Germany, Dave Foster considers that quick rehabilitation procedures and the erection of the Berlin Wall have changed the situation dramatically. 'Before the Wall went up the Germans were overwhelmed. I used to visit refugee camps in Berlin that were packed to overflowing, at least a dozen in that city alone. This is all changed. But of course, now and again, there is a terrific influx, as, for instance, when the Russians invaded Czechoslovakia. People flocked over the borders into Austria and Germany.'

So refugee work is no longer the main thrust of Tear Fund's European involvement. Through Dave Foster, money is channelled now for varying kinds of relief. 'In Yugoslavia, Tear Fund has helped purchase medical equipment. In Portugal it has also supported medical work, helping to establish a clinic and purchase a car for two Christian nurses, while in Lisbon a further gift went to a children's home. A hospital that has to serve the entire Christian community in Barcelona has been helped by the fund. The doctor in charge is a very fine Christian from one of the Brethren Assemblies, and all the nurses and doctors are Christians from different denominations. The hospital's work is not confined to Christians, of course, and with the new wing completed in September 1971 with Tear Fund's help, and some possible help with medical equipment in the future, this work should expand.'

Dave Foster is never able to give specific details in print of his Eastern Europe projects, admitting that here there has to be 'a certain amount of trust invested in me. It is not easy for full and adequate information about these projects to reach Tear Fund so I try, if possible, to bring back some evidence of disbursements made — receipts, letters, tape recordings, etc.'

In Eastern Europe the relief work is mainly done among Christian leaders who are in need because of the economic pressures exerted on them by the State, though one of the projects undertaken was the fixing up of a property so that children could use it in the summer for holidays and camps, where Bible teaching and Christian fellowship could add to the fun and games. 'To complete the place we had to put in new plumbing and toilet fixtures,' Dave comments. 'I couldn't resist writing to Tear Fund and saying, "Now, having invested in this particular project, you can truly term the fund a relief fund!" '

Another Eastern Europe project raised a smile. A friend of Dave's, a lay preacher had both legs amputated. When the local hospital fitted him with new artificial legs, he could not use them at all and was unable to get about. Fortunately the man was allowed to go to Switzerland — where they make some of the best artificial limbs in the world — according to Dave Foster — and it was Dave's idea that he should go ahead and get fitted. The new legs would be paid for out of Eurovangelism's Eastern Europe Relief Fund. 'More money goes through that fund than any other section of our accounts,' Dave explains. 'I had no idea how much money we would need and I'd not checked this one with my committee. When the bill came, it was a week before our next meeting. It was for the equivalent of £270 and the fund held only £150. I sent a frantic note to Tear Fund: "we have enough money for one leg and a few toes but we are in desperate need of the balance. Otherwise when I meet my committee next week I won't have a leg to stand on." I got a cheque for the balance from Tear Fund almost by return of post. It had clipped to it a card saying "Can two walk together unless they be agreed?" That was the sort of situation that Charles Phillimore fully appreciated — and so did I!'

Other quite intricate and expensive items of medical equipment have been provided with Tear Fund money. Two electrocardiogram machines, and a spasmatron machine for helping treat Parkinson's disease are three examples. 'It is difficult to obtain these in the countries I visit, and Christian doctors I meet are often in need of medicines and medical books also. By providing these things we help them to care more adequately for their patients and maintain the cause of Christ.'

6. HELP! HOPE! AND HALLELUJAH!

Though by January 1969 the Tear Fund concerts, planned for the 13th and 14th of that month, were beginning to dominate the scene, Christmas 1968 had not been forgotten. But there was a note of caution in the air. It was decided that any really big Christmas promotion should wait until December 1969. The fund would be better-known then.

Serious doubts had earlier been expressed as to whether Tear Fund was going to be able to fill the Royal Albert Hall for two nights running, even making use of the drawing-power of one of Britain's most popular pop stars. Concert promotion was top priority.

Advertisements and leaflets appeared with the words *Help! Hope! and Hallelujah!* set in the open mouth of a larger-than-life Cliff Richard, and a press conference was planned so that Cliff could explain why he was singing for Tear Fund. A press release was issued just before Christmas. If the advertisements appeared to major on the box office appeal of Cliff Richard, the press release did try to explain that this was a 'charity' concert raising a specific sum — £1,500 — for a specific purpose — to send a Land-Rover to Argentina to help missionary medical work. And what could be better than actually to have a Land-Rover on a pedestal at the hall for the concerts?

'We had a lot of fun getting that Land-Rover there at all,' comments Graham Phillimore, who was temporarily helping the fund at the time. 'The committee all thought the Rover Company would love to send a Land-Rover down — good for publicity and all that. And we did eventually get them to agree to send one. But it broke down on the M1! So then they had to supply us with one they hired from some firm in London. It was my job to look after it, and be responsible for getting large signboards painted to hang on the sides, indicating what it was for. It was very useful for ferrying the heavy signboards about, and I particularly enjoyed the final outing in it, when I rolled up to the Kensington Palace Hotel for the after-concert reception.'

Graham Phillimore, son of Charles, is now a Baptist minister in North London, but on that occasion he was between jobs. He went to Tear Fund to 'stuff' envelopes, but was soon taking over the final negotiations with the Royal Albert Hall. It was he who discovered that it was impossible to have the Land-Rover inside the hall and made arrangements for it to be outside and floodlit.

Graham considered the concerts were a definite success from the publicity angle. Cliff Richard was interviewed on Eamonn Andrews' *Today* TV programme shown immediately after the early evening news. 'I remember that we watched it at the RAH on the first night before the concert began, while we were having tea and buns in the canteen. The interview had been recorded earlier, of course, and they played the programme out with Cliff and the Settlers singing.' The BBC used their recording of the concert to provide a thirty-minute religious programme, with Ronald Allison doing the commentary. It was shown a little later in the year.

There is no denying that the concerts were a significant departure for the staid evengelical world of the late sixties, just beginning to wake up to the growing gap between the Christian church and the world in Britain (particularly highlighted in *On the Other Side*, published that autumn by the Scripture Union for the Evangelical Alliance's Commission on Evangelism).

Using the professionalism of people like Cliff Richard, Brian Bennett and the Settlers meant that the evening was not just an amateur presentation of a cosy selection of well-worn evangelical hymns and solos. Instead there was a mixture of pop songs, folk songs, blues, negro spirituals, hymns and back-chat linked in such a way as to reveal man's plight (Help), the answer in Christ (Hope) and the joy of believing (Hallelujah). This format was in fact the brain-child of David Winter, whom Cliff had asked to think up a suitable programme for the gospel concerts held on the continent in the previous year.

David Winter recalls that the original plan had been for Cliff Richard to take the Salvation Army group, the Joystrings, to the continent but there were difficulties which prevented this plan. 'Then came what I consider was the providential meeting between Cliff and the Settlers when he heard them perform, and met their lead singer, Cindy Kent, at his own church.' The Settlers already had a number of negro spirituals and 'freedom songs' in their repertoire, which fitted ideally into David Winter's programme theme.

The printed programmes at the RAH concerts proved to be something of a departure, too. They used the more way-out design ideas of MGO Graphics which were printed in coloured or black inks on tinted paper — the result being colourful, but illegible in the refined lighting of the hall. But there were plenty of pictures of Cliff Richard to make up for any lack of programme notes, and also information about Tear Fund, the Land-Rover for South America, some advertising, and general background about the concert and other performers. On the back page was a reply-paid coupon to be sent in by anyone wanting to know more about the Christian faith.

So it was not a charity concert pure and simple. Somehow this marriage of charity and gospel concert got everyone mixed up — the Christian press especially — about the ifs and buts of the occasion, while the secular press calmly took the whole thing in its stride and made some quite complimentary comments. Bob Farmer of *Disc* wrote: 'Cliff's effort at the Albert Hall last week was worth-while in more ways than mere mission work. It was an occasion entirely in aid of Tear (to help refugees, homeless and starving people). His decision to do the show was entirely spontaneous and, with the aid of some advance publicity, both nights brought respectable attendances to the 6,000 capacity of the Albert Hall. And even if gospel concerts are not your kind of scene, baby, you would have to hand it to Cliff and his new backing group, The Settlers, that they provided $2\frac{1}{2}$ hours of very acceptable entertainment. I may sound frightfully sanctimonious to the unbelieving, but besides the more spiritual songs, Cliff and The Settlers let rip with such songs as "If I had a hammer", "We shall be changed", "Nowhere Man" and others.'

The reviewer from the *Evening News* wrote: 'The voice was the same as ever and blended well with the folksinging of The Settlers. They sang several songs which will feature in the TV series they will soon be doing together (on Tyne-Tees) as well as traditional folksongs, gospel songs, one Beatles number and a few hymns. Between songs Cliff tried to put over his beliefs in a straight and unpretentious way. This may have come as a surprise to the mass of attentive female fans who were there. He may be inarticulate when he tries to preach, but he is obviously sincere.'

In the religious press less kind things were said about Cliff's efforts; though there is that verse in the Bible about a prophet being without honour in his own country; so perhaps it is not so surprising. The *Evangelical Times*'s reviewer Michael Buss got very bothered about the length of Cindy Kent's mini-skirt, and expressed doubts about almost every aspect of the evening. *The Christian* having taken the trouble to produce a special four-page supplement for the concerts, stated, 'Between numbers there were remarks by Cliff in which he sought to commend the Christian gospel to his listeners. These remarks though excellent in intention, were for the most part ill-prepared, amateurish and verbose.' In contrast, the reviews in the *Church Times* and *Methodist Recorder* were especially complimentary.

However, it is not the purpose of this book to go into the pros and cons of those concerts. Basically they were to raise money and get publicity for Tear Fund; the form they took was incidental. It seems a bonus that they actually managed to present Christian truth to a large number of young people who would never normally have given it a second thought. And it must not be forgotten that some 100 enquirers wrote asking for further information about the Christian faith, and were passed on to the Billy Graham Evangelistic Association for help and correspondence courses.

But did the concerts succeed financially? There seems some doubt as to how successful they were, with the official profit figure quoted as £800 and not the hoped-for £1,500. The main reason for this was the unexpectedly high overheads. Nevertheless the Land-Rover was duly provided for the use of the SAMS missionaries in the Chaco, as had been promised.

George Hoffman comments that despite all the financial snags 'the concerts gave the fund national recognition as well as reviews in most of the papers. Naturally we were disappointed that we didn't make the target, but the public-relations job it did — that was out of all proportion to the hard work that had been done.' Pete Meadows agreed that, as a big publicity launching pad, the concerts had been well worth while.

The financial result of the next concert at Newcastle-upon-Tyne on March 28th was also disappointing. Pete Meadows commented that 'the regional effort needed much more careful organisation, especially the budgeting'. This has been proved correct and since Bill Latham has been directing subsequent concerts from Tear Fund headquarters there have been highly successful performances in Manchester, Liverpool and Bristol. These three events during 1972 raised over £7,000.

Publicity was now a major issue for Tear Fund. Committees wrestled with the problem of how best to combine education and fund-raising in future promotion. A report on publicity submitted by Pete Meadows at this time looked ahead into 1969, proposing the employment of a full-time or part-time press officer (rejected) and the engagement of an advertising agency, MGO Graphics, to do the publicity (accepted). The graphics side, of course, was still in its infancy and not much older than Tear Fund, and so, as the two organisations hitched their wagons together, the future success of both was at stake.

Pete Meadows's brief was to produce the following: bi-monthly posters, general posters, information sheets, leaflets, project-material, exhibitions, educational materials and the marketing of visual aids.

However, as that list covers almost every aspect of Tear Fund's promotional and educational output over the next four years, it was certainly not done entirely by MGO. When the promotion versus education battle was won, MGO were left with promotion as their main design task.

The future of the black-and-white bulletin poster was now assured, the second being issued after the concerts saying 'Thank you, Cliff. Thank you, Sharon' and explaining what had been done with the money raised by the concerts or sent in as gifts for the Land-Rover project. In these early days the posters were being mailed on all the Evangelical Alliance mailing lists and a system was devised so that, with a reply-paid card, people could make it clear whether or not they wished to receive regular information about the fund. It was also usual for every donor to receive the poster as a regular piece of information about the fund.

Life was not without its problems as the MGO publicity machine began to get into motion, until it dawned on the Tear Fund staff that, to prevent such difficulties, a much closer liaison between designer and Tear Fund was necessary. Even with a closer watch being kept, the occasional mistake can be found in that early material.

But the educational function of Tear Fund had still to be

developed. Mary Jean Duffield had reminded the committee that one of the fund's earliest intentions had been to educate the Christian public. To make a start she suggested that a Tear Fund 'Teach-In' (the in-phrase of the moment) might be held, and she was encouraged to plan a draft programme. She did this, combining sessions on world needs, group projects and devotional and scriptural teaching, and was then given the green light. High Leigh Conference Centre, near Hoddesdon, was booked for March 21st to 23rd, 1969, and the main speaker, Derek Walker of the Voluntary Committee on Overseas Aid and Development, was invited. Twenty-two attended the conference — not a large number, yet all who attended seemed very satisfied.

Graham Phillimore was finally responsible for its organisation, as Mary Jean was no longer working for Tear Fund. He felt that the weekend was very worthwhile, and is at a loss to understand why the idea was not repeated.

'I personally found the weekend very revealing. We had a tremendous cross-section of people. It was a real eye-opener to see such a mixture of backgrounds and beliefs all united about the problem of world need and Christian responsibility, because we were a mixed bag. There were two extremely lively students from a teacher training college in Essex with bags of enthusiasm and ideas. They went a bit wild when they got back to their college afterwards, and wanted Tear Fund to get involved in raising money by methods we weren't too keen on.'

Graham felt that during his months with the fund the whole question of education was still in the balance. 'The educational aspect of the fund's life was having to fight for recognition. When I came in January 1969 the fund wasn't fulfilling this function at all. By the time I left I think the battle was almost won. I left a report on this situation and the need as I saw it for a full-time education officer.'

Tear Fund acknowledged Graham's point with the following memo: 'The appointment of a full-time education officer is seen by the Tear Fund Committee as a fulfilment of one of its essential responsibilities to educate Christians in the area of world poverty and evangelical responsibility, and as a logical extension of the work done by Graham Phillimore.' But a full-time appointment could not be made immediately, and after some weeks another temporary appointment was made.

7. THE GOOD EARTH

Peter Batchelor's sense of gloom deepened as Amos continued to show him round the primary-school farms. What had gone wrong? Amos had been an excellent student, then for ten years a teacher of crop rotation and agricultural subjects to other students. Now as headmaster of this village primary school in his own home area he had had a year to set the agricultural side of the school farms on its feet. Yet the farms were chaotic, and no attempt seemed to have been made to get crop rotation going to improve the soil. There was nothing for it but to set to and show Amos what was vitally necessary.

After two hours' tramping round and demonstrating to Amos exactly what it entailed, Peter sat down thankfully and mopped his brow. Amos's face was beaming, his smile gleaming from ear to ear as he said, 'Now I understand crop rotation.' He'd only been teaching the subject for ten years!

It was this incident more than any other that brought home to Peter and Ruth Batchelor, agricultural missionaries with the Sudan United Mission, the need to teach agriculture 'on the spot' and not in an institution removed from the home situation. And it was to Peter and Ruth Batchelor that some of the first 1967 gifts from EAR Fund were sent. The gifts were designated for 'Faith and Farm' and Tear Fund has continued its support — in fact, agricultural projects represent a large proportion of Tear Fund's annual expenditure.

Faith and Farm came into being on the last day of 1958, when the Sudan United Mission released Peter and Ruth from their full-time agricultural teaching jobs in order to pioneer this new scheme. 'We had been teaching agriculture since going to Nigeria in 1950,' Peter explains. 'Agriculture was then being taught as part of the curriculum of the Bible school and teachers' training college at Gindiri, Northern Nigeria. In 1957 I attended a conference in America for agricultural missionaries and nationals. The great thing that clicked was that what's going to help the man when he gets home is not institutional training but education on the spot.'

So SUM released Peter and Ruth on a part-time basis. They were to supervise SUM schools for half the time, travelling around visiting the sixty-six missionary primary schools. For the other half of their time they were to start this new agricultural project. 'I'm not sure which of us, Ruth or I, thought of the name "Faith and Farm" but we were now teaching "rural development" as we travelled around. It was all experimental but it continued to prosper.'

Peter's reaction to the EAR Fund's first gift was 'Here at last we've got something that is conservative evangelical showing a sense of responsibility. At last here is an inter-denominational body, other than our own mission, doing something we should have been doing years ago, and which has almost been the prerogative of more liberal bodies.'

He had received support from an American organisation called CROP, from Christian Aid, and from individuals, but the news of this new source of income meant a great deal to both him and his wife.

In late 1968, a larger gift from Tear Fund was sent to Faith and Farm and was used to help equip the Christian Training Centre at Zamko. Peter Batchelor describes the centre now as 'a going concern. It is a rural Bible school taking small numbers for a course that is two-thirds Bible training and one-third agriculture. Practical agriculture on their own farms raises the fees for the men to come, and this training means they should be able to support themselves by farming, and be evangelists. They are a new breed of "faith and farm agent" for the future.

Whereas up till then, our agents were trained by just a two-week course each year.'

There were four agents to start with. Today there are over sixty. Practically all these are evangelists, although some may be called church elders. They are all self-supporting farmers, and have been selected by their local church to be not only evangelists for their own village, but also 'faith and farm' representatives for the group of villages that compose one local church. These men may have an area of some twenty by thirty miles to cover, including perhaps twenty or thirty villages. Each year there is a two-week refresher course held in different churches so that the expense is shared and the agents see different aspects of rural agriculture.

Peter explained that to set the men up, they try to give them the minimal amount of anything. In this way they will learn to buy things, and fully appreciate them. But larger items are available from Faith and Farm, and Tear Fund has helped to provide some of them. 'Ox carts, for example, were bought. We had six as samples for the men to use to move their produce, and to buy after a number of months if they wanted to. Transport is difficult and often getting the stuff to a road or to market is almost impossible.

'The second method we have of helping the men to start up in business is a revolving loan fund which, of course, needs no more money, once its capital is built up. Faith and Farm's capital is now in hand, and it is used only for Africans who have done an apprenticeship with a Faith and Farm "Master Farmer". There are about eight of these.

'The third way we help is by putting products that need to be sold into the smallest possible pack that costs the minimum amount of money. We buy seeds in bulk from a firm in Essex, England — cabbage seeds, for instance. These we put into little tiny plastic wage packets, and they sell at 1p a packet. It is interesting that now many of the men want bigger packets which will cost 5p.'

Fruit and vegetables are the main crops of these new farmers. 'We don't grow grain, as the government has a scheme for this and we want to work with the government. Our relationship with the present government is extremely good but this hasn't always been the case with previous governments. Before the civil war, Northern Nigeria had a more Muslim government and this created problems on the political level, though things were better on a local level. But I tried to interest them in a visit of an agriculturalist to certain projects by churches in the North.

'They wrote back eventually, "We cannot see why missions are interested in agricultural work. Everything that could possibly be done for the people of Nigeria is already being done by the Field Service Division of the Ministry of Agriculture." That's the sort of letter you can't reply to!'

With the fall of the government and the division of Northern Nigeria into states, Peter's area became part of the middle belt and no longer in the very far Muslim north. 'We are getting excellent co-operation. The government have said to us, "We wish we could get the kind of result that you have in the field of extension agricultural training."

'And with the government, we are buying fruit trees and selling and distributing them. This is the weak link in the government programme and we feel that our strength is getting among the people. As Christians this is where we want to be. So we sell about 1,000 budded organge trees a year. Another co-operative scheme is with day-old chicks which we get from the government, brood them ourselves until they are three months old, get them vaccinated, then sell them through our agents.'

Peter Batchelor felt able to leave Faith and Farm in 1970 because a new leader had been found. Joseph Jibi trained in agriculture under Peter while qualifying as a teacher. He also did a specialist course at a government rural education college. 'About five or six years ago he agreed to join our team,' Peter recalls, 'knowing that he would get half the salary he would get as a teacher. That is a tremendous thing for an African with all his family responsibilities and extended family problems.' Through Tear Fund, Joseph was able to study at All Nations Christian College near Ware for a year, in preparation for his new responsibilities.

Peter Batchelor explained that some of those responsibilities would be helping in the continuing work of rehabilitation after the civil war. A letter from the Chairman of the Rehabilitation Commission in Lagos in October 1971 had asked Faith and Farm to help the government carry out the remaining rehabilitation work in Benue Plateau State for them. 'This is a challenge and a privilege and remains partly a question of funds. We do want the African church and the work of Faith and Farm to become self-supporting.'

Peter Batchelor has not deserted the rural development scene, neither is he out of touch with Tear Fund. From January 1971 Peter and Ruth have been 'under new management' and travelling widely. Peter is now rural development consultant for the Christian Churches in the whole of Africa. 'This is really a rationalisation of roles for me as I had been invited to advise all over the continent before I left Faith and Farm. We hope that Tear Fund may well be involved in 1973, on a 25 per cent basis, in the cost of operating this consultancy service, for this is a tremendous opportunity for co-operation between African Christians, missionary societies and the churches.'

8. LEARNING TO LIVE WITH OTHERS

'I hope that it will be possible for you to meet one or two of my colleagues representing other parts of the world because it may well be that you will be able to provide us with details of possible outlets for our own funds as well as perhaps learning a little from our method of operation.'

So wrote David Carter, deputy overseas director of Oxfam to George Hoffman at Tear Fund in late October 1968. Earlier, through Canon Harry Sutton of the South American Missionary Society, George had been introduced to Mr. Carter, and now this letter contained a warm invitation to visit Oxfam headquarters in December 1968.

From the first meeting Mr. Carter conveyed Oxfam's interest in what Tear Fund was trying to do, and suggested the possibility of Oxfam helping to 'top up' future grants. Another helpful idea for Tear Fund's consideration was the advantage of setting aside a proportion of its income, say for two years, in order eventually to be able to develop some major project.

George Hoffman particularly recalls his visit to Oxfam. 'David Carter very kindly invited me over to Oxford and showed me round. He gave me forms and samples of the way they do things, and I also met other members of the staff including their Education Officer. We have been in touch of course since, as they made it so clear that they were always willing to help.'

Four months later Tear Fund received another invitation, this time from Christian Aid. The Revd. Alan Brash, then director in succession to Miss Janet Lacey, wrote: 'I wonder if you will agree that it could be useful to us both, when the time is convenient, to exchange information about our respective responsibilities and our particular programmes. I in any case would value such an opportunity and hope you will agree to it.'

Mr. Brash had been at the head of Christian Aid for a year when he wrote this, summing up his impressions of Tear Fund thus: 'While obviously we are concerned with the same kind of needs round the world, and while our relationship to the Christian faith is identical, I do appreciate that you are providing a channel for relief and rehabilitation work for some who, for various reasons, are suspicious of Christian Aid, although it is the official agency of the Churches. You will fully appreciate that as director of Christian Aid, and as one who for eleven years has travelled constantly across Asia particularly, supervising projects related to Christian Aid and other church agencies, and helping the Churches in framing such projects, I do not share those suspicions, though I do fully recognise that in every structure where there are human beings there are mistakes made and elements which one would regret. . . Obviously I am sure we will both recognise that in a world where there is such agonising need and acute injustice the primary thing is that Christians in this country be sufficiently devoted to Jesus Christ to respond generously and sacrificially in His Name, and the instrumentality which they use is of considerable but secondary significance.'

Alan Brash had raised an issue of which Tear Fund had been well aware before and since its launching. Morgan Derham had this problem very much in mind when he first thought of developing an evangelical relief agency, acknowledging, as he put it, the fact of 'some Evangelicals being unhappy with other funds.' But never did he foresee Tear Fund working in opposition to these other agencies. The fund was to work alongside, drawing support from areas that had not given before.

So Tear Fund was eager to set Alan Brash's mind at rest on this sensitive issue. In his acceptance of the invitation George

Hoffman stressed that in no way did Tear Fund see itself in competition with Christian Aid or any other body. Rather it saw itself fulfilling a complementary role along with CAFOD (the Roman Catholic relief agency) and the Quaker Relief Agency, and other similar bodies who appealed directly to their independent constituency, fulfilling a particular responsibility to certain areas of Christian work. 'Already we are finding the warmest possible encouragement,' he added, 'from agencies with whom we have made contact in our common efforts to meet the appalling needs which exist around the world. Allied with this we feel a particular responsibility to correct wrong impressions which have grown up regarding Evangelicals, who are often thought to major on man's spiritual needs at the expense of his physical requirements, and we have deliberately set out in our promotion literature to correct this wrong impression.'

George Hoffman met Alan Brash in London and the outcome was a joint determination that in no sense should Christian Aid and Tear Fund compete or be seen to compete. If Tear Fund kept Christian Aid informed of big projects likely to develop in the future this would help to avoid clashing.

These meetings with the two major British relief agencies meant that further co-operation could begin. In Oxfam's case the most notable joint effort was the Buhiga hydro-electric project in Burundi, a project which hoped to provide electric power for the surrounding district, especially a Ruanda mission hospital. In fact Oxfam's East Africa representative was able to supply the necessary survey for Tear Fund to consider when he visited the area in the summer of 1969.

Another example of co-operation occurred about the same time, highlighting the need for constant checking of all applications for money. A letter from a Sudanese refugee living in the Congo (now Zaïre) arrived in London addressed to 'The Tear Fund Concert, The Royal Albert Hall'. Writing on behalf of the '70,000 Sudanese refugees who escaped into the Congo

Kinshasa Province since 1965 due to the exterminative massacres of the Khartoum Sudan Arab Government', the correspondent described work he was trying to do among the refugee children, and the need for agricultural tools, medicines, school materials, seeds, clothes, blankets and funds. He added, 'The refugees are still in desperate expectation that international societies like T.F.C. Royal Albert Hall could sympathise with us in this critical state of difficulties.'

Tear Fund was faced with a dilemma. It was against its stated policy to accept personal applications unless backed by a society or proper references. In this case, the only hint of the writer's background was: 'for reference, there is no fear or difficulties in helping these poor refugees since the Congolese authorities here had already approved that we can seek help from any Charitable Societies who are able to help us.'

As George was already in touch with Oxfam over the Buhiga project, he was able to ask David Carter if they knew anything about the writer or the refugees he mentioned. Meanwhile, as the initials CMS occurred in the letter enquiries were also made at Church Missionary Society headquarters. Oxfam asked their field secretary for West and Equatorial Africa, John Shiels, to contact Tear Fund about the matter, and after some weeks two suggestions were forthcoming: Mr. Shiels could write to Mr. Robert Bosshard, the UN High Commission for Refugees representative in Isiro, Congo, or Tear Fund could write to a CMS missionary, Miss Margaret Pooley, also in Isiro.

It was to the latter that Tear Fund sent a letter which helped to clear up the matter. When he eventually thanked Oxfam for its help, George Hoffman was able to explain that Miss Pooley had written to recommend that Tear Fund should not get involved with the person concerned. It was a typical example of how carefully Tear Fund, like other charities, must scrutinise requests for help.

The major piece of co-operation with Oxfam was still under consideration. On July 16th, 1969 George brought more positive news of the project to his committee when presenting the Oxfam report on the Buhiga proposals. Oxfam's East African representative had visited the site and studied the two suggested budgets: £4,545 for wiring without accessories or £9,090 for wiring with accessories. Mr. Gooch of Oxfam recommended that Tear Fund should consider the £9,090 budget as it would be of the greater benefit to the surrounding area, taking in the Catholic institute three miles away. With this in mind, Oxfam proposed a three-way split in support: Oxfam, CAFOD and Tear Fund. Unfortunately at a later stage the Catholic agency had to withdraw, but Tear Fund and Oxfam continued to pursue the matter, though the machinery of government was grinding slowly.

In January 1971 Christian Aid found they had Tear Fund for neighbours when the entire Evangelical Alliance 'family' took over premises at 19 Draycott Place.

George recalls another occasion when a relief agency gave Tear Fund help. 'We were trying to illustrate our work with Dr. Stuart Harverson, a missionary in Vietnam. We wanted, in particular, photographs of Vietnamese children, and one of the people we tried was Save the Children Fund. Naturally they wanted to know what we were going to do with the photograph and we carefuly explained about Tear Fund, and added that of course we would acknowledge the source of the photograph. "Forget it," they said. "If you're helping children, feeding them, clothing them: that's what our work is all about. Go ahead." Their gesture impressed me a lot.'

Tear Fund was learning to live with others. Like a child, it was looking around and seeing what the scene was like before pushing further out into the unknown. Three areas in particular concerned the fund at this time: the educating of the Christian public, relationships with missionary societies, and political involvement. 1969 saw progress on all these areas.

In the field of education — which would partly link up with promotion and publicity — a full-time appointment was likely to be made in 1970 and so in July 1969 another temporary appointment was made. John Pettingell, chartered accountant, and a recent graduate of London Bible College, joined the staff for the intervening months.

Building on the foundation laid by Graham Phillimore, John Pettingell helped to maintain and expand certain areas of the education department. At the beginning he found himself largely concerned with the production of the first Tear Fund Harvest Pack. Pete Meadows's idea was that many churches were looking for suitable causes to support at harvest time. 'Let us give them a simplified and unambiguous presentation pack along the lines of Thanksgiving and Responsibility.' For this 'simplified and unambiguous' effort Pete had in mind an information sheet, a dramatic monologue, sermon themes, suggested prayers, display-board project, three large posters, order forms for gift envelopes, leaflets, bankers' order forms and a follow-up plan for a non-supper to be held later in the week! This formidable list of contents was considerably modified before it reached the public.

The pack was advertised extensively in the religious press and the advertisement indicated that it would be available 'at a small cost'. A number of enquirers expressed their surprise on discovering that the actual cost was three guineas! Nevertheless the idea proved fairly popular and over 120 had been sold by late September.

A few of the statistics quoted in the pack were drawn from previous Tear Fund materials, but most of them were new, and were used to good effect. 'Think of what meat or fish you have had today. If you are an average eater you had 26 times as much as the average Indian . . . For every £40 the UK spends on defence, it spends £2.50 to help the world's needy, and much of this is in the form of loans . . . France gives half as much again as we do to developing countries on a similar national income.'

The non-supper menu is reminiscent of a previous press conference: 'Set the table for a banquet . . . serve the standard famine relief rations of puffed rice and powdered milk.' But the lists of names and addresses and recommended films and filmstrips must have proved a mine of information, and despite last-minute panics over the posters to be included in the packs, the project was repeated in 1970. It was a useful educational experiment.

Meanwhile other attempts to challenge and teach the Christian public continued at the Keswick Convention and the Filey Christian Holiday Crusade. A less controversial slogan dominated the display: 'Please help us to dry a few eyes.' But any repetition of these two projects was left in some doubt.

9. GOING IT ALONE

'It might not have been the biggest disaster by present-day standards, unfortunately, but for a country the size of Tunisia with a population of four million it was pretty shattering.' The opinion of the Revd. Stephen Levinson, a former missionary in Tunisia and now Secretary of the Barbican Mission to the Jews, adds weight to the newspaper reports printed after Tunisia was hit by severe floods in September 1969. From 25th–28th September, after torrential rains, floods inundated the regions of Sfax, Kairouan, Gafsa and the valley of Medjerda, destroying bridges and dams, isolating a number of areas, and disrupting all telegraph communications. Four hundred and forty-one people were killed and some 20 per cent of Tunisia's livestock was destroyed. According to figures issued by the Tunisian authorities, the floods also left 288,349 people homeless and destroyed 69,660 houses.

As soon as news of the disaster reached Tear Fund, George Hoffman wrote to Christians in Tunisia. Immediately two problems became apparent: Tear Fund was going to find it very difficult to send money to buy supplies on the spot and virtually impossible to use an 'existing evangelical agency' to channel its relief. One missionary writing from Sfax wrote: 'Here we have no organised evangelical agency which could benefit from your kind offer.' The second, based in Tunis, wrote: 'In your letter you mention the desire to send relief through some "evangelical agency". I would be only too thankful to see one at work! Christian missions are not acknowledged in this country . . . You suggest that food supplies and other equipment needed should be purchased out here and you would forward the money . . . Tunisia has certainly no spare supplies to fall back on in an emergency like this. I have been enquiring at the relief committee HQ and the urgent need is for tents and blankets.'

Both missionaries made it clear that all relief work was being supervised and organised by the government of Tunisia and the Red Crescent (Red Cross), that other agencies such as Oxfam, and CARE, the World Council of Churches and Christian Aid had sent help, but that the need was still great.

If Tear Fund was to help at all it had to find suitable supplies to send, and a suitable person to supervise the delivery and distribution. The first obstacle was not difficult to overcome; the second took a little longer.

To find the necesssary supplies, George Hoffman rang a friend of his in the Crown Agents and discovered where bulk supplies of blankets, beds and tents could be bought cheaply from surplus stock. He asked his committee for the go-ahead on this purchase at the beginning of November, as other customers were likely to get in first and the price was a good one. A decision had to be made within twenty-four hours, to clinch the deal. As a result of some speedy action, he was able to purchase 100 ten-men tents, 1,000 folding beds and 5,000 blankets, but the problem of finding someone to oversee the distribution of supplies in Tunisia was a thorny one. After some consultation with the Middle East missionary societies, Steve Levinson was found. He volunteered to fly out and administer the relief operation on behalf of the fund, which agreed to underwrite any expenses he might incur.

The operation would cost, it was estimated, something like £10,000 and would represent the largest item of expenditure on one project ever undertaken by the fund. This was in fact its first big-scale emergency relief operation. A press release dated November 7th informed the Christian press of the fund's intentions and the estimated cost.

Steve Levinson certainly knew the country he was visiting on behalf of Tear Fund, and could explain exactly what had happened. 'The rains had a shattering effect that year for a number of reasons. On the Plain of Enfidaville there is a big range of mountains and a barrage to prevent the waters from rushing down in the rainy season. But every so often, when the rains are exceptionally heavy, the barrage fails and the plains get flooded.

'In 1969 the first rains fell on ground which was as hard as cement. Before they had time to sink in and soften the ground, the second rains started and there was no let-up to allow the floods to disperse. The floods just built up and got out of hand until the Plain of Enfidaville completely disappeared, the railway was cut, the main road south washed out and communications generally broke down. It was the fertile coastal plain that was hardest hit, for this was the richest part of the country where the olive-growing industry flourishes.

'When I drove south on November 28th the scene of desolation was indescribable. It looked as if it would take many years before things would return to normal. Some inland salt lakes had broken through to the sea for the first time in history. There was up to three feet of water-borne debris covering most of the land and it was the time for sowing next year's crops. People were trying desperately to clear the ground and get seed in.'

Steve Levinson considered that the figures given for homeless people did not take account of the large number of Bedouins who habitually camp in the dry river-beds and who would also have suffered loss. And, of course, the Tunisian government faced a need not only to re-house people, but to replace their livestock and means of livelihood.

Having agreed to go out to Tunis at fairly short notice, Steve Levinson found fulfilling his prescribed task of overseeing the arrival of the relief supplies a more complicated business than even he expected. When he arrived at the pre-arranged time and place for the hand-over of supplies to Dr. Fourati, President of the Red Crescent, none of them had arrived. 'And you couldn't very well have photographs of me shaking hands with Dr. Fourati if the exchange hadn't actually taken place! What is more, half the supplies arrived after I had left Tunisia, on December 2nd, to return to London, while those that did arrive were unloaded when I wasn't present.

'We had been told that the ships *Wanja* and *Slavic Prince* would both be in port by Saturday, November 29th. But after quite a session trying to establish their movements, we learned that they were not due in until Monday, December 1st. So I went off to complete other negotiations and came back first thing on the Monday morning to the shipping agent, only to find that the *Slavic Prince* had come in late on Saturday after all and left on the early morning tide of Sunday. The tents and blankets were in the warehouse awaiting collection!'

Steve went immediately to the Red Crescent offices and arranged for the collection of these items, but when he left Tunisia on December 2nd the *Wanja*, bringing the beds, had still not arrived. Bill Grossman undertook to liaise with the Red Crescent about this, and the bills of lading were given to Dr. Fourati to expedite matters.

'So much for the vagaries of merchant shipping in the Mediterranean!' Steve comments. 'I think Tear Fund learnt more from this than I did. They believed the shipping lines implicitly when they said the supplies would be delivered on Saturday, 29 November. I can remember saying "Look! I know the shipping lines. I was a sailor during the war, apart from other things. These Mediterranean tramps go when they have a cargo and not before. Delays are commonplace." '

Tear Fund was officially informed, however, that all three items of relief supplies had been received safely. Dr. Fourati, President of the Red Crescent, wrote 'I have pleasure in informing you that the help which you so kindly gave to those who were affected by the floods arrived on 26 November: 1,000 beds, 5,000 blankets and 200 tents. I want to thank you once again for the appeal which you launched for our stricken people and the far reaching project that you undertook on their behalf, the results of which have been substantially successful. I will not hesitate to send you as soon as possible a detailed breakdown of the relief programme.' This never arrived.

With the Christian community being so thin on the ground, this whole operation was a major test of Tear Fund's philosophy of working through local Evangelicals, who are able both to administer and follow through on a long-term basis.

Steve Levinson feels that the project was worth while. He had been able to explain to those he met in Tunis that Tear Fund was a Christian organisation showing concern for those in need. He felt certain that the action of the fund was 'very much appreciated by the Tunisian authorities and would help to break down the suspicion that the Muslim authorities have of all things Christian.' He also considered that the fund emerged from the experience having gained in stature. 'It was the biggest thing they had done up to then — a practical gesture which got Tear Fund out from being just the hand maid of the missionary societies, into its own field. I made it clear to Dr. Fourati that this was a gesture on behalf of evangelical Christians genuinely concerned for people in need irrespective of race, religion or creed. Don't forget there were a few Christians locally who knew what was going on, but in a small country like Tunisia all aid had to be administered by the government. If the supplies had been sent out and independently distributed I do not think they would have been allowed to reach their destination.'

Steve admitted that hindsight disclosed things that could have been done differently, but maintained that in any emergency relief operation where speed was important, problems always arise. 'At the moment of immediate need the response of compassion is the over-riding factor. I think good comes even when there have been snags and problems.'

For Tear Fund there may be one long-term potential result: a possible future project in Tunisia. Pastor Granier and his wife, two brilliant scientists, have been remarkably successful in the cultivation of olive and fruit trees, and are pioneering a scheme to train Arabs in agriculture on their large farm. Before their vision of a Christian farming community can become reality, they need equipment and financial support. Tear Fund has considered helping here.

Irrespective of Steve Levinson's views, the Tunisian project served to underlinc the necessity of strong permanent links on the spot — whether Christians resident in the country or missionaries and mission societies working there. Co-operation with mission societies took on an even greater importance in the light of this experience, and it was this issue that was immediately to occupy Tear Fund's attention.

10. SHORT OF GOOD PROJECTS

As fast as Tear Fund's income grew, so did the realisation that the fund was still short of really good projects to support. This was obviously because missionary societies — and other Christian organisations — were not too sure about approaching the fund for money, and Tear Fund had not yet found a way of inspiring their confidence.

In the summer of 1969 missionary societies faced some of the worst income figures for years, and Ernest Oliver confirmed that for many September 1969 had been a very bad month indeed. Things looked bad for Tear Fund. One of the criticisms that could be levelled at the fund, by those uncertain about its usefulness, was that it was attracting money away from the missionary societies.

So there were a good many reasons why a meeting with a selection of missionary society leaders might prove profitable to both sides. Furthermore, the mission executives might be able to help Tear Fund assess its policy for vetting projects and its future role of co-operation.

The letter of invitation for the meeting on November 11th read: 'With our particular terms of reference, Tear Fund has been channelling a substantial amount of aid through what are traditionally recognised as "standard missionary projects". And it is for this reason in particular that we welcome the opportunity to confer with representatives from a number of missionary societies, in order to think through Tear Fund's future role, working through Evangelicals in developing countries, especially in allocating aid for what is known as "intermediary technology". In an attempt to establish some determinative criteria, we would like to discuss the following — education, training of nationals and medical aid.'

Tear Fund also wanted to look beyond the missionaries' work to involvement with the national churches overseas. 'Recognising the new situation overseas and the changing pattern of partnership, Tear Fund believes that generally speaking the church or churches of a particular area should be the operative body, and not the missionary society. Projects must therefore be related to the life of the church, and not merely facilitate the activities of individual missionaries . . . '

In what ways, therefore, should the fund be involved in mission society work abroad? John Boxhall offered this suggestion: 'Couldn't the distinction between Tear Fund's work and that of the societies be outlined as follows: if the emphasis is on economics and physical development, then it is a matter for consideration for Tear Fund support, and if the work has an evangelistic emphasis, then the responsibility for it lies with the missionary societies?'

The meeting held on November 11th was considered a success by all concerned. Nothing dramatic had taken place, but at least Tear Fund had been able to talk through its dilemma with the important people, the mission society executives. Representatives from a good number of societies were present: South American Missionary Society, Bible Churchman's Missionary Society, Sudan United Mission, African Inland Mission, Bible & Medical Missionary Fellowship, Evangelical Union of South America, Unevangelized Fields Mission, World-wide Evangelization Crusade, and Regions Beyond Missionary Union. The press release issued after the meeting stated: 'Canon Alan Neech of BCMS welcomed the distinctive emphasis and contribution of Tear Fund in developing countries. He believed that Tear Fund could often play a valuable role in coming alongside the missionary society and sharing in its social-relief programme thus enabling the society to fulfil its primary evangelistic task,' and continued, 'The Revd. Robert

Smith, the Home Secretary of SAMS, stressed the need for Tear Fund to work in close collaboration with the local Christian community in areas of need, and to ensure as far as possible that the on-going recurrent expenditure of capital projects could be guaranteed by the recipients.'

All these long words and phrases expressed concern already voiced within Tear Fund, that it should not just supply an immediate need but make sure that the equipment could be serviced and maintained properly. What was the good of supplying a Land-Rover, for example, if there was a shortage of petrol, or the price of it was so high that missionaries could not afford to run the vehicle for long?

And the three major topics that Tear Fund had mentioned in their letter of invitation? The criteria had been discussed and Tear Fund's position was summed up like this:

Education — at the moment Tear Fund does not feel able to consider giving assistance to general education programmes.

Training — as distinct from general education projects, Tear Fund would, in principle, be happy to assist national Evangelicals who require financial help for training in some specific skill, e.g. agricultural development or medical work. Furthermore, Tear Fund sees the benefits of supporting, for a specific period of time, qualified persons from the United Kingdom who could share their skills and insight with a developing community.

Medical Aid — in this particular area Tear Fund finds it very difficult to clarify determinative criteria for assessing medical projects, as the demand is so great. However, the following suggestions have been approved:

1. Tear Fund should only consider granting aid for a capital medical project if the local church is able to give an assurance concerning the ongoing recurrent expenditure.
2. Tear Fund should only consider granting aid for a capital

The first Tear Fund display stand at Filey

Charles Phillimore, Pete Meadows, George Hoffman, Glyn Macaulay and Mary Jean Duffield listening to a report given at the first press conference.

Bill Latham (*left*), Ian Davis and Cliff Richard in the studio recording the soundstrip *Down to Earth*

A refugee camp outside Calcutta — photographed by George Hoffman on his first visit to India.

Flood damage in Rumania — Tear Fund gave funds for emergency relief.

The burnt-out church at Banja, near the Sudan/Congo border, where Christians from the Moru tribe died.

First operation successfully completed on the hospital launch on Lake Chad.

The first Tear Fund display stand at Filey

Charles Phillimore, Pete Meadows, George Hoffman, Glyn Macaulay and Mary Jean Duffield listening to a report given at the first press conference.

Bill Latham (*left*), Ian Davis and Cliff Richard in the studio recording the soundstrip *Down to Earth*

A refugee camp outside Calcutta — photographed by George Hoffman on his first visit to India.

Flood damage in Rumania — Tear Fund gave funds for emergency relief.

The burnt-out church at Banja, near the Sudan/Congo border, where Christians from the Moru tribe died.

First operation successfully completed on the hospital launch on Lake Chad.

medical project if funds are not forthcoming from any other source.

3. Emergency situations: in the case of national disasters and calamities, Tear Fund feels that an emergency fund should be available for the purchase of drugs and other first-aid medical supplies.

All this sounds very prosaic and predictable, but it had not been a light matter, particularly to the mission executive on the Tear Fund committee, Ernest Oliver. Although he personally was convinced that Tear Fund had a role to play alongside the missions, he knew that there were others who were not quite so sure. He expresses his own position thus:

'Personally, I am glad to see Tear Fund helping the missionary society because it takes a load off the mission secretary and his administration, and off the missionary as well. Then it helps not only the society but relationships with the Christian churches overseas. The Christians there see that this money comes from other Christians to them when they are in need, and this is an encouragement. So often in the past, the missionary and his society faced with a sudden disaster had to say, "Well, we'll pray and make the need known. Eventually the money may come." But now with Tear Fund, here is money for just these sort of emergencies.'

Ernest Oliver was aware that critics of Tear Fund suggested that it had attracted money away from the missions. But he considered that this would be very difficult to prove and did not believe it to be true. He pointed out that the same criticism was made of the Billy Graham Evangelistic Association when the Crusades were held in Britain. Missionary society support was claimed to have been hit by the appeal for funds for the crusades. 'I feel the criticism will always be made as soon as funds are short. But I know, from my experience as a missionary and mission executive, that the vagaries of Christian giving are very difficult to understand! In 1971, for instance, with the postal strike, and unemployment increasing, many of us expected our worst year financially. Yet instead we had our best.'

Reflecting on Tear Fund's shortage of good projects, he recalls the autumn 1968 meeting with the societies. 'There wasn't a tremendous response, even after that. There are some societies who feel — "We don't ask for money — we won't ask Tear Fund for money." But this feeling is being slowly broken down.' There was the danger that while the societies were slowly 'getting the message', Tear Fund were accepting projects which, while legitimate, were meeting 'fringe needs'.

But there are areas where Tear Fund is not willing to give support — education being one of them. This reluctance, it seems, stemmed from certain members of the committee who felt strongly that education should be viewed in the light of government policies of the country concerned. Education as done by missionaries was considered part of the mission's usual programme and not as an attempt to relieve suffering. But the fund was indirectly supporting education in refugee situations. In Bangalore it has helped to build a hostel for Tibetan refugees to enable them to go to the local school.

Another type of education receives Tear Fund support, but here the word 'training' is used. It is the sending of qualified men and women to teach a trade or profession that will improve the lot of the local people. Agriculturalists have gone to Tanzania and Northern Argentina, through Tear Fund support, on a four-year scheme. They will teach a trade in an area where poverty is rife, and farming a means of providing better food and a better income.

Some missionary executives are not fully persuaded that these 'sending' projects are the best for Tear Fund's future. If missionary societies hear that Tear Fund will support missionaries, doctors, agriculturalists, might they not view this as a possible means of gaining missionary support? In 1968 EMA did a survey on missionary deployment and found 26 per cent is engaged in medical work. There is a terrific potential demand there for Tear Fund. It needs only to support 100 missionaries to swallow the total income of the fund.

Ernest Oliver did suggest that there be a fund started for missionary support — but *not* by Tear Fund!

'We must obviously be sure that Tear Fund money is going to the relief of suffering. Sometimes it is difficult to refuse. I recall the occasion when missionaries, to whom we had sent money for the relief of those made homeless by a Persian earthquake, wrote and asked if they could use the balance of the money left over to complete a certain publishing programme they had planned. We had to write back regretfully and say "no".'

Ernest Oliver has seen suffering at first-hand, and knows what it means to the missionary to be able to help. In Bihar, he saw the havoc caused by the famine. 'It is grim for the missionary. He sits in his house with a tiny amount of food perhaps, and looks outside and sees a mass of hungry people. I have seen our compound full of starving people for three or four days without any food. Men, women, children fainting as they came in. And in the midst of that need, the greatest thrill was to receive a cheque for £100 which was to be spent on food for the hungry and I could go out and buy and give.'

Oliver believes that Tear Fund has been saved from making big errors of judgment, because of the close personal touch the fund maintains with those who receive money. This was the weakness in the operation in Tunisia. 'I'm not decrying the whole idea. I'm sure we learnt a great deal from it.' But the fund now holds back from sending money until it is quite sure of the situation overseas. 'We faced this problem over money for the India/Pakistan refugee situation. We held as much as

£50,000 because of lack of certainty about what would happen to it once it reached India.'

In emergency situations it is Ernest Oliver and George Hoffman who usually get together first, to decide which agency can be of the most help. A telephone call is often the beginning of the process; then George follows up Ernest's advice. But, more and more, Tear Fund is seeing its friends overseas taking action on their own behalf. By the time Tear Fund may have heard about some crisis abroad, a missionary or national Christian has cabled or written to ask for aid. Bishop Pytches made a direct appeal from his diocese in Valparaiso. Ben Wati cabled Tear Fund from India.

As Tear Fund seeks to work with the national churches overseas, Ernest Oliver hopes that these churches will increasingly desire to help their needy Christian brothers at home and overseas. The Evangelical Fellowship of India provides a good example. Indian Christians rose to the challenge of the need in their own country during the Bangladesh crisis.

As a member of the Christian Brethren, Ernest Oliver acknowledged that it was difficult to give aid to Brethren missionaries who were unrelated to any society or home administration. Tear Fund money has been given to support a couple of Brethren projects in an emergency but he feels that much more could be done if the missionaries could be persuaded to ask for help. 'I know, for example, that certain medical work that Brethren missionaries undertake is very poorly supported. One of their major problems is obtaining the funds to maintain modern medical plant. They can get money for literature, but when it comes to heavy items of expenditure it is not easy. I think this is because those giving the money want it to go to more "spiritual" work, and are not sure about supporting the purely medical.'

Tear Fund in its promotion and educational material has tried hard not to deflect attention from the spiritual needs of men and women, but it has had, of necessity, to emphasise physical need. It is calling upon Christians to give practically, and prayerfully, to the needs around.

11. FIRST BIRTHDAY

'After their first twelve months of being in operation, Tear Fund would like to share with the Christian press full details of long-term projects and first-aid relief programmes that they have supported or are setting up in the near future. Plans will also be announced of a new pattern of aid following a consultation with the representatives of evangelical missionary societies'.

It was Tear Fund's first birthday — at least, so far as the religious press might be concerned — so it was thought fit to hold a press conference to celebrate the event. Sadly, the religious press weren't quite so sure that it wanted to celebrate, and only a few reporters turned up on November 14th. Among them were the *Church of England Newspaper*, the *Life of Faith* and the *Baptist Times*. The last paper gave very good coverage to the occasion under the headline 'The new name that spells "caring".' Jamie Wallace had certainly got the message, for he not only noted the topical reference to Tear Fund's relief supplies destined for Tunisian flood victims, but he also mentioned the co-operation between Tear Fund and other agencies: 'So the fund is not competing against Christian Aid for the same church support; Tear Fund represents new Christian money for the world's needy. Close co-operation naturally and necessarily is maintained with the 79 missionary societies affiliated to the Evangelical Alliance.' Tear Fund's income was reported: £39,652 had been received between November 1968 and October 1969.

The fund's income was no proof of success, of course, and some evidence that the money was being put to good use had been given. The list of projects supported during the year included twenty-one items indicating how £14,500 had been spent to help homeless children, water shortage, agricultural schemes, medical aid programmes and first-aid relief supplies. Under the heading 'promised aid', three more items helped to clear up the mystery about what appeared to be a missing £25,000. £10,000 had been ear-marked for the Tunisian flood disaster, £9,000 was being held for the hydro-electric scheme at Buhiga, Burundi, and £1,600 was linked with an annual payment for four years for an agricultural scheme in Morogoro, Tanzania. *The Life of Faith*'s report filled in some of the details of the £14,500 spent: '£4,000 to Nigeria via Scripture Union, £1,700 to Jordan through the Free Evangelical Church of Amman; £200 to Persia through the Worldwide Evangelization Crusade'.

Financially Tear Fund appeared to be on its way, and disappointment at the press conference attendance was soothed by the press coverage given to the fund during December. The Tunisian project made headlines in the *Christian Record* and most of the other papers carried statements like 'Tear Fund's biggest effort yet', 'Tear Fund wins deep gratitude of Tunisians', or 'More than just tears for flood-hit Tunisia'.

A far more significant innovation in the fund's publicity drive also appeared that month. In the *Church of England Newspaper* and *Christian Record* for December 19th, appeared the first of many Tear Fund supplements, subsequently entitled *Tear Times* but on that occasion called 'Tear Fund's First Anniversary'. In late November George Hoffman asked John Capon, then editor of the two papers, to consider producing a four-page supplement devoted entirely to Tear Fund and written and designed by the Tear Fund staff. That first edition contained a front-page interview with George Hoffman (written by George Hoffman!) an inner two-page spread giving a bird's eye view of 'Tear Fund in the Third World' and a back-page challenge to give money and interest, together with a banker's order form and an application form for more information. Copies of the supplement were available for Tear Fund's own use, and the general opinion was so favourable that regular supplements were immediately planned.

'Bits and pieces' could sum up Tear Fund's previous publicity. The latest innovation, a small four-page bulletin called *Tear Talk* and produced cheaply by litho, had appeared in September 1969 before *Tear Times* had been thought of. The first bulletin majored on the work of Dr. Stuart Harverson in Danang, Vietnam, and only 1,000 copies were produced for free distribution. It was followed by two others: one, published in January 1970, was based on the work Tear Fund was supporting in Nigeria where the civil war had created havoc in certain areas; the other, published later in the year, was concerned with medical projects in Nepal, Brazil, the Congo and India.

In the 'interview' in the first *Tear Times* George Hoffman made public some of the answers to niggling questions voiced about Tear Fund, as, for example, ' "No doubt you must receive queries regarding the necessity for yet another relief fund?" True enough. In reply we stress first the question of responsibility. First there's our responsibility to our brethren in Christ in the developing countries, who live in such appalling conditions with such desperate needs. Secondly there's our responsibility to Evangelicals working in those conditions and in needy areas. We have a responsibility to help them to show people there that Christ loves them and that Christians care for them in their need . . . Furthermore with such ghastly situations in the "Third World", we believe we have an added responsibility — like the Catholic and Quaker agencies to their constituencies — to arrest the attention of Evangelicals in this country, and inform them of the needs, requirements and the opportunities to help.'

Another question received a surprise answer. ' "How many are there on the Tear Fund staff?" No one full time! My colleague, Charles Phillimore, who deals with the office administration is, like myself, an assistant secretary of the Evangelical Alliance, which means that both of us have other responsibilities within that organisation. We also have a temporary education officer, Mr. John Pettingell, who plans to do post-graduate research work, and there are, of course, our respective secretaries.'

This surprising situation continued for some time. George Hoffman did not become full time director of Tear Fund until 1971.

Another significant fact was made public in the 'interview' — George's appointment as consultant and co-ordinator of the World Evangelical Fellowship's newly launched 'International Christian Assistance' programme. 'This new opportunity will be complementary to the work I am already doing — it will give greater contact with the national Church and national Christians in the Third World, as well as giving me a link with evangelical social action programmes throughout the rest of the world. Already co-operation is in progress, with the support that has come through the WEF for our relief programme in Tunisia.'

However optimistic this forecast was going to prove, Tear Fund certainly entered 1970 with new international contacts shaping up, and a good deal in its favour. The modest plans for Christmas 1968 were a thing of the past, and the 1969 Carol-singing kits tried to provide for every eventuality with a 'thank you' card to leave behind, a gift envelope, a gummed collection-tin label, a pre-visit leaflet and a Tear Fund collector's badge in each kit. Letters of authorisation were also provided on request. Demand for the kit was high and a correspondingly high income was forecast and received: £7,820 in December and £9,900 in January.

12. POLITICAL PRESSURES

We have already seen that during 1969 and 1970 Tear Fund was having to learn to live with others, and was particularly concerned about the development of the Fund in the field of education, in relation to the work of missionary societies and in relation to political involvement.

Something has been said about the first two, but little or nothing about the third — and a great deal of heart-searching about political involvement was forced upon Tear Fund during 1969 in particular, partly by the presence of Mary Jean Duffield on committee, and partly by such events as the Haslemere Declaration ('A Radical Analysis of the Relationships between the Rich World and the Poor World'), and the upsurge of political pressure groups. The latter lobbied MPs and wrote letters to the Prime Minister about Britain's programme of overseas aid, until the climax was reached with the 'National Sign-In on World Poverty', organised by the Churches' Action for World Development (CAWD), under the sponsorship of the British Council of Churches, the Roman Catholic Commission for International Justice and Peace and the Conference of British Missionary Societies.

The sign-in was held throughout Britain in December 1969 after an intensive three months' publicity and campaigning by its supporters. At public meetings held between January 6th and 25th, 1970, the petitions were presented to the local MP of each constituency represented.

Mary Jean Duffield made no bones about her concern for the political aspect of aid for developing countries. 'I have always thought that to say nothing is to say you're happy with the way things are. In other words you think that the *status quo* can't be improved.' Mary Jean felt pretty sure that the *status quo* of aid to developing countries could be improved and that pressure exerted in the right quarters by the right number of people could move mountains, or, in this case, governments. Her campaign to get Tear Fund politically orientated started as far back as Janury 1969, when she circulated the members of the committee with a report on political involvement. Christians must not restrict themselves to 'merely denouncing present injustices'; they should set about studying the role of Christians as 'the salt of the earth' in respect to policies crucially influencing world poverty.

Once she started the ball rolling the match was on, with the ball bouncing back and forth from Mary Jean to various members of the committee. The player initially most involved appears to be John Boxhall, whose reaction was, 'I think Tear Fund should at present continue as it is, a small evangelical fund seeking to respond in a comparatively small way to our Lord's example and command to be compassionate. The vast majority of our supporters give when their hearts are touched; the small sums that we are able to contribute will have no effect on the economic situation in any of the countries where we help. As a fund, therefore, I do not think we need or ought at this stage to get involved in political considerations . . . There are very complicated economic factors involved and Christian economists are not agreed on this question of aid to underdeveloped countries. I think we as amateurs would be well advised to tread warily.'

These 'cutting down to size' comments reveal the general trend. For in a sense this was the 'state of play' for almost all of 1969: that Tear Fund was too small to provide suitable ammunition for political involvement. Mary Jean Duffield did not give in easily, however, and kept needling the staff and committee to resolve the situation, particularly when contemplating the production of any educational materials. If the Fund was to encourage its supporters to be politically orientated, then it would have to act quickly, and stop dragging its feet. Doubts were then expressed as to whether Tear Fund's constituency would accept a politically-orientated education programme. Was Mary Jean expecting too much too soon?

If she was, it was not through unawareness of evangelical reluctance to get politically involved. She expected this but refused to give up the battle. Books with titles like *World Poverty and Christian Responsibility* were recommended for study and some attempt was made to understand the issues at stake. Again, John Boxhall was spokesman for the opposition, demurring that 'agitation could quite well make Christians unpopular for the wrong reasons. Should we not be found unpopular because we preach Christ?' Tear Fund might certainly state in its education materials the necessary facts and figures underlining world needs. But, John Boxhall wondered, would many of Tear Fund's constituency be capable of grasping their full implications in terms of world trade and economics?

Events in July 1969 helped to keep the political pot boiling. Tear Fund received a circular addressed to 'World Development Action Groups and Individuals concerned with Development', sent by Miss Chris Cowap of Christian Aid. In two letters Miss Cowap requested that anyone concerned about Britain's aid to developing countries should write to the Prime Minister 'immediately to express your support for the Government's pledge to maintain the present level of aid at a time when there is mounting pressure to cut the Aid budget . . .' Miss Cowap added that, besides writing letters, she was inviting all concerned to join in lobbying their MPs to 'support the present level of aid. The threat of a cut is very real, and the need for effective counter-pressure is urgent and immediate — the decision will be made within a fortnight. Accordingly we ask you to join in a lobby this coming Monday evening 21st July.'

After discussing the letters, Tear Fund decided to write to the Prime Minister, sending copies of the letter to certain MPs known to be Christians. Before finalising this plan, George Hoffman was to discuss the situation with Mr. Charles Grey MP, Labour Senior Whip at that time.

The letter eventually sent on July 18th to eight MPs, said, in part: 'We understand from reports circulated to our office from groups associated with Christian Aid, that there may be a possibility of a reduction in our overseas aid programme. May we say how concerned we would feel on behalf of areas in which we are working in Africa, South America, and the Far East, if such a decision was made.'

With the exception of Charles Grey's, the fullest reply was received from Michael Alison, who reassured George Hoffman that he would 'keep an eye on this, and will naturally seek to raise the matter if there is evidence of a substantial (or even marginal) cut back in overseas aid', while making the proviso: 'You will appreciate that, particularly being subject to the limitations of an Opposition, it will be difficult for me to know whether your fears about a cut in aid will be realised until the Government publishes the actual forward estimates.'

Charles Grey's advice was that Tear Fund should write to the Minister responsible for Overseas Aid, Mr. Reg Prentice, and this was done with Mr. Grey's help. The following reply was received: 'As you know, the Government has agreed to work towards providing a minimum net amount of 1 per cent of gross national product in aid flows as the balance of payments position improves. But, of course, the aid programme has to be considered, together with all other expenditure programmes, each year, in the review of public expenditure. I can assure you that considerations such as those in your constituent's letter will be taken fully into account during the course of this annual review.'

Tear Fund's small piece of political 'pressurising' might seem to have achieved little more than 'wait and see', and a few solicitous comments, but Christian Aid, reporting on the affair, claimed a great deal more: 'What was the result of all this? We have been told on very reliable authority that the proofs of widespread public concern about the level of aid have had an immediate effect, and that the proposed cut in the aid budget will not, in fact, now be made, and this at a time when so many other areas of public expenditure are getting the axe. Final proof, of course, will have to wait until the Public Expenditure Committee publishes its report in October.'

Christian Aid had declared its hand on this matter much earlier. A policy statement, issued late in 1968, read: 'Christian Aid has a responsibility to participate strenuously in the wider community of concern for economic justice in the world, and is ready to work with other church and ecumenical agencies, and with all who share this most urgent concern of our times, for such objectives as the following: (a) that all political parties be urged to commit themselves to long-term involvements in the tasks of world development and that it be given high priority in their programmes . . . (b) that realistic targets for economic aid to developing countries be set and regularly revised. We suggest that the immediate target of one per cent of the Gross National Product . . . should be realised not later than 1970.'

Now that 1970 was less than six months away action groups were being encouraged to make sure that this second target was reached. At the end of July Tear Fund received a letter inviting George Hoffman to meet Robert Kahn, the national organiser of the National Sign-In on World Poverty, planned for December. Full details of the campaign were included and help in the campaign was sought. It was going to be difficult to make any hasty decisions on this new proposal, particularly as political awareness was growing, since the 1970 General Election was on the horizon.

The Final Declaration for the Sign-In was thrashed out at the CAWD (Churches' Action on World Development) conference at Swanwick in October 1969, a conference which

George Hoffman, Glyn Macaulay and Mary Jean Duffield attended. Mary Jean applied herself with fresh zeal to the task of getting Tear Fund to formulate some policy in connection with the Sign-In, and the advice of Mr. (now Sir) Fred Catherwood was sought. Mr. Catherwood, Director General of the National Economic Development Council, was also well known as a Christian. He wrote 'No doubt one could find economists who are sceptical of the value of financial aid to developing countries, and there is certainly a school of thought which emphasises the virtues of private investment as opposed to direct Government aid, which may not always be used to the best advantage. However, I think there is pretty broad agreement that the problems of the developing countries cannot be solved without a substantial measure of direct aid and that the case for providing this rests on economic as well as on humanitarian grounds.

'UN resolutions have called on developed countries to transfer at least one per cent of their national income each year to the developing countries, account being taken of both net official aid and net private investment and long term commercial credit. The official ODM (Ministry for Overseas Development) handout says that we have achieved this target in each of the last five years and that in 1966 official aid alone came to 0.61 per cent of British national income.

'I should have thought it would be perfectly all right to give general support to the aims set out in the Declaration, although it may be that as regards paragraph 1 the authors are pushing at a door which is already partly open.' The paragraph in question pressed for the achievement by 1972 of the target of '1 per cent of the wealth (i.e. Gross National Product) of the United Kingdom for overseas aid.'

With Catherwood's 'general support' in mind, Mary Jean Duffield pressed even harder on the Tear Fund committee, suggesting that the fund should adopt a series of 'short-run limited aims. The first of these might include making overseas aid an election issue — by supporting the Sign-In, and lobbying MPs and others by letters, meetings, and through the local press.' It was no good shelving the matter any longer. The gauntlet had been flung down by Mary Jean and the challenge had to be accepted or rejected.

Various cautionary voices became evident almost immediately: the Evangelical Alliance Council expressed concern and did not feel we should 'encourage our constituency to sign-in'. Caution won the day. Tear Fund decided to encourage its supporters to make up their minds independently about supporting the Sign-In. If Tear Fund's opinion was directly asked for, Morgan Derham suggested it should be that 'this is one form of political action amongst others, that Evangelicals could consider.'

With a month still to go to the actual Sign-In itself, and a press conference in the interim, there was some attempt to prepare a fuller statement: 'We agree in principle with the main thrust of the Sign-In, but the committee of Tear Fund has some reservation about the political motives on the part of certain persons closely associated with it. Furthermore, as Tear Fund has limited resources, our primary job is to educate Evangelicals as to the needs that exist and to allocate resources to meet those needs.' This statement was not made public, and when Glyn Macaulay expressed concern that the fund had remained silent over the Sign-In and suggested that it was better to say something rather than nothing, the answer was no. So that was that, at least for the time being!

Mary Jean reflects on her unsuccessful efforts without rancour. 'I could quite understand the reluctance. After all, once you are involved in politics, the issues are no longer clear. There's never a political decision that has no ill effects, I know. But there is no way out of involvement either, because, as soon as you don't get involved, you are accepting someone else's decision. But I don't think Christians are any worse than anyone else in this. Everyone has this great fear of making mistakes. I think Tear Fund was frightened of being forced into a position of having to choose the lesser of two evils, and political choices only give you the lesser of two evils.

'The real crisis blew up over the National Sign-In. Everyone became very vocal in the papers: bishops and MPs got involved. But what nobody was ready to sit down and recognise was, that though reform and agitation traditionally are associated with the Left—partly naturally, partly for historical reasons—yet it didn't have to be.

13. REPAIRING THE DAMAGE

Usip wrinkled his forehead as he tried to remember the details of the work camp he had assisted with in the East Central State of Nigeria. 'We were in the CMS Hospital at Onitsha for one week. This particular hospital was in a bad condition, owing to the Civil War. It had been used as a base by the soldiers of one side; then when they were pushed out, it was used by the other side. The patients and staff all had to flee and a lot of damage was done. There were bullet marks all over the buildings and trees in the compound, and many roofs spoilt by shelling. Walls needed repairing and many overgrown bushes cleared, ditches dug and new paths laid.'

This work camp was not organised directly by Tear Fund, but had been made possible through money which the fund sent to Miss Jane Sutton, then a Scripture Union worker in Nigeria. Fifteen students specially invited from secondary schools, with three helpers — Usip, a teacher and Jane Sutton — spent a week helping with the rehabilitation of the hospital and the area.

Usip felt that the camp proved to be an effective witness to Christian love and caring, much appreciated by the doctors, nurses and patients. While the groups were working, people in the compound would stop and ask them why they were there. Why were they doing such work? 'We could explain that we were not just working for them, but that the Lord enabled us to do it. It was a very happy time, and the people commented that this was a real form of Christianity put into practice'.

Usip recalled that the accommodation was not so good as it might have been, because there had been some damage to buildings in a storm, and the nurses were using rooms that the work-party would have had. 'We were, in the end, sleeping in an open classroom, though the hospital tried to provide another place. The food was good and quite adequate, with the cooking done by some of the girls in the hospital kitchen. But there was a shortage of water. The pump had been damaged and we had to fetch water from a stream a long distance from the hospital.'

Usip sensed a tremendous oneness, as he put it, among the campers; though there were differences in tribe, these were lost 'in the Spirit of the Lord. I don't think many of the staff or patients realised that there were different tribes represented. Jane Sutton was in charge of the whole camp and I was in charge of the male section. I used to find out from Miss Sutton what we had to do for the day, then take the lead with the boys in every bit of work we did. If you were in charge you had to start the work first and leave it last. By God's grace I was able to do this.'

On the spiritual side the leaders divided up the work also and in the evenings Bible studies or talks were led by them in turn. Usip gave two of these talks and led the evening service, when they gathered in the hospital chapel for the meetings. The doctors and nurses were welcomed, and on the final evening a good number of the staff were present. 'Not all the staff were Christians and we were able to witness to them as well as to the patients. There were also services in the wards. On top of all this we went out to Scripture Union groups in nearby villages and held meetings. So each day was filled with activities!

'It was a very good week of work and witness. There was a lot of rehabilitation work to do, and with the poor harvest this would continue for some time. I like to think that if we go back to that hospital, we will not just receive a friendly welcome but we would also see some of the plants growing and flowering, as a result of our efforts. We left behind us some material marks from our work, and some spiritual marks from our witness.'

Jane Sutton who was working with Scripture Union in

Nigeria, during and after the Civil War, organised five work camps with the help of Tear Fund. That camp at Onitsha was the last of these; the others had been held over a period of twelve months or so.

'During the Civil War in Nigeria we used Tear Fund money for a work camp near the front line for folk who had been through a very rough time. They had been unable to get any crops harvested and therefore had no money. So we took along what is called a 'gari grater', a piece of machinery for grating the root crop grown locally. Tear Fund had provided the grater and the food for the campers during that week.

'This was early 1969. We stayed in a little mud house for a week and helped the local people get the cassava out of the ground, grate it, cook it, ferment it and then bag the resulting product, gari, which looks like sawdust. If you put it into hot water, it swells up and ends up something like blanc-mange — not popular with Europeans!

'We were able to get stocks of gari out to sell to the rehabilitation centre in Benin, and they were able to give it to the refugee camps. So we were getting money for the gari for the people who had none, and the gari was helping the needy refugees in the camps near the front line.'

After the end of the Civil War the four other camps were held. A camp was held in each of the three eastern states which had been very badly affected by the fighting, two in orphanages and one in a rehabilitation centre for the blind and deaf. The fifth camp, which is the one Usip attended, was held in 1971 just before Jane Sutton returned to England on leave.

'All of the five camps were held on land that had been fought over at one stage or another during the war. We were usually involved with people affected deeply and directly by what had taken place. The orphans were those left parentless by the war.'

Amidst all the tragedy and heart-break, Jane Sutton had seen other agencies also at work on relief and rehabilitation, such as Oxfam, Save the Children Fund and the Red Cross. Relief as such, however, finished just after the war ended, and technically became 'rehabilitation'. But, as Jane Sutton pointed out, 'relief' had to go on for quite a while longer, particularly when Southern Nigeria had a very late season in 1971 and the shortage of food was made even worse because crops could not be sown.

In many small ways Tear Fund's money enabled Jane Sutton to encourage those hard hit by the war. In one place in the mid-west, she was able to help fishermen to buy new nets. They had lost their nets during the war when they had fled from the fighting. New nets meant new livelihood. Immediately the war ended, the money enabled two of the Yoruba members of the SU staff to take money to help the Ibos. For three months, they worked among Scripture Union groups, giving small grants to the members according to what trade or profession they were training for. 'This was a definite gesture of reconciliation, showing that the people on the other side cared for those involved in the war. Biafran money had ceased to have any value by this time, and there was no money to be had from crops; so Nigerian money helped to encourage the needy. I should think about £2,000 to £3,000 was used in this way.'

Tear Fund support, during and after the Civil War, was given to Nigerians in need on both sides. Another Scripture Union worker, Bill Roberts, was responsible for distributing Tear Fund relief in the eastern region, where he found himself when the war began. In all the fund disbursed nearly £20,000 in Nigeria in both relief and rehabilitation.

14. HOW TO RUN WORK CAMPS

1970 opened grimly against the escalation of the Civil War in Nigeria. Then came the welcome news of a ceasefire. Once this was confirmed, Tear Fund made known its plans for helping with the massive relief and rehabilitation programme. It was not only Scripture Union that was to receive money, but also Sudan Interior Mission, Sudan United Mission, and other societies who were organising schemes for helping in the war-stricken areas. 'Operation Dorcas' and 'Operation Good Shepherd' were both short-term programmes staffed by missionary personnel loaned from the North.

Tear Fund was able to explain its involvement with all these projects, and maybe this well-timed publicity was one reason for the record January income. Yet a backward glance at the Christmas poster and publicity may also give a clue, for the Christmas publicity combined the delightful smile of Gladys Aylward — 'the small woman' — and the cheeky grin of one of her adopted Chinese sons. Tear Fund had decided that it must not pass unnoticed that during 1969 money had been sent to Gladys Aylward's children's work in Taiwan, and it was hoped to send more. Miss Aylward's courage and compassion had certainly caught the imagination of many Christians in Britain, and the good response revealed in the December and January income was probably due to this. But few people, least of all Tear Fund, realised that Christmas 1969 was to be Gladys Aylward's last. One of the most poignant 'thank-you' letters the fund has ever received was the one Miss Aylward sent that Christmas from Taiwan. It was a small Chinese calendar on which Gladys Aylward had written: 'God has blessed us and our hearts are full of praise. All is well here. We have forty children, ten babies all tiny, and lots of work. He knows the need; will you please pray with me'; and she signed it. Scarcely had Tear Fund received that Christmas note when the news of her death reached England. With the excellent January income, Tear Fund was very glad to be able to help Miss Aylward's assistant, Kathleen Langton-Smith, with a £500 gift to enable her to meet immediate needs while the situation in Taiwan was being assessed.

1970 did not continue in the same spectacular financial fashion as it started, however. By February the income had subsided to the £3,500 mark, not to rise appreciably except in June and the autumn. But, as the fund had grown steadily during 1969, so progress continued, and was consolidated during 1970: consolidated financially, in that money was now being invested regularly on a short-term basis with a number of authorities. Meanwhile Tear Fund had also become a limited company, financially separate in every sense from its parent body, the Evangelical Alliance.

But besides consolidating the position of Tear Fund, 1970 appears to have been something of a year for reassessment, or at least a willingness to reassess. Office organisation, advertising, political involvement, previously rejected projects, and special projects for individual group support were among the areas open to reconsideration during the early part of that year.

The office organisation had to be reconsidered, since a new member of staff joined the team in April when Bill Latham became permanent education officer. At the same time it became clear that three men and two secretaries could not cope with the ever-increasing volume of work. As a result another new member of staff came in July to assist Charles Phillimore.

The willingness to reconsider previously rejected projects in the light of more recent developments was highly commendable. However, the project that raised this issue was not in the end accepted and it is not clear whether any further reassessment was carried through. But it was reassuring to find that rejected projects were not out of mind when out of sight, although it was unlikely that Tear Fund would have changed its mind about projects rejected on the personal advice of others. And the fund was constantly asking for personal 'references' for proposed projects, from people on the spot who could see the situation in its local setting.

The providing of particular projects for supporters to maintain was a subject often under review as the demands grew. 'Please send us a specific project that we can adopt,' was the typical request, one of the more persistent enquirers being the Cambridge Inter Collegiate Christian Union. As the fund entered 1970 it was well aware that it could not continue to shelve the issue, and that Christian Aid had carried through this idea very successfully. However, there were problems; Ernest Oliver felt that if the experience of missionary societies was anything to go by, the fund should tread warily. Many societies had discovered that 'servicing' the individual projects created a great deal of extra work and worry. Meanwhile, Morgan Derham was worried that groups supporting a specific project might consider themselves in a position to dictate to Tear Fund how their money was spent. Until Bill Latham joined the staff the subject remained unresolved.

Assessing the promotion campaign of the previous autumn, Pete Meadows was able to indicate where Tear Fund had commanded support. Four large advertisements had been placed in the religious press: *Crusade*, and *Church of England Newspaper*, the *Baptist Times*, the *Life of Faith*, the *Sunday Companion* and *The Witness*; each carried an attention-getting headline, an explanation about Tear Fund and a coupon in the form of a banker's order form. Pete foresaw a possible net income of £5,000 from these. When the assessment was done in March 1970 it was clear that the smallest response had come from the *Baptist Times* — which seemed strange in the light of the excellent gift of £1,410 which Tear Fund had received at

Easter 1969 from the paper's readers in a special 'give one day's pay to world poverty' project. Elsewhere, however, the fund had received sufficient response for a further campaign to be planned, this time testing a slightly different market: *Tear Times*, *Crusade*, the *Life of Faith*, the *Christian Herald*, the *Sunday Companion*, the *Harvester*, *News Extra* (a parish magazine inset) and the *Evangelical Times*.

A new name had to be considered seriously as Tear Fund looked at student support: Third World First. 3W1, as it is usually called, was proving an excellent channel through which money was reaching Tear Fund. George Hoffman had talked with a representative of 3W1 and heard of growing interest among students in Tear Fund, and that half the banker's-order forms sent to 3W1 for a Christian agency were ear-marked for Tear Fund. By donating to 3W1, students give a percentage of their grants by banker's order to overseas aid. The donor chooses the percentage and what area of development work he wants his money to help. In its first ten months 30,000 students joined the scheme, donating approximately £120,000.

Tear Fund was also a little concerned about its mailing list. Promotion by advertising was all very well, but at the grass-roots level the bulletin posters were a vital link. A check on the early 1970 poster reporting the Tunisia operation revealed that 3,000 at the most were distributed. This was just not good enough, and steps were taken to see if the fund could try expanding its 'direct mail' list of names and addresses. The poster was used to test the interest of the Christian public, and was distributed far more widely than usual on other mailing lists.

Of course, the biggest development in the promotion scheme for the fund was the arrival of its first education officer. March 1970 saw tributes being paid to John Pettingell as he relinquished his temporary role. He had built up a library of information, statistics and research to hand on to his successor who arrived in April. But Bill Latham's first job was not so much promotion as learning how to run work camps. As he ruefully recalls 'I was told that it had been agreed that Tear Fund would hold camps that summer — I was to go ahead and recruit people for them.'

Presented with something of a *fait accompli*, Bill set about publicising the camps planned at Darmstadt, Grenoble, Vendôme and in Czechoslovakia. 'It was very quickly apparent, when we started recruiting, that there was a colossal potential here: mainly young people, students who were only too anxious to do something with their summer vacation that was practical and in the Lord's service.' With the exception of the Czech camp, four centres were fully manned, and Tear Fund, and Bill Latham in particular, learnt a good deal about running or organising work camps. As the months went by and the camps took place Tear Fund began receiving back the sheets given to each camper for comments on the camps. There was certainly quite a variety of reactions, suggestions, criticisms and yet almost unanimous approval and a willingness to go again in 1971.

Darmstadt, Germany: 'Food — some very good, some less to our liking. The bread was not very nice and we missed the English tea.' 'Work — the gardening work, although general, was certainly not light. This should be told to people who apply.' 'The food was very bad ...' 'The food was very good ...' 'When there, I had a fantastic time. My only one complaint is that in certain matters we were wrongly directed by Tear Fund.'

Grenoble, France: 'Nature of work — cleaning out of stables of 100 years' worth of manure, electrical wiring, laying in water and sewage, clearing up site and building stone walls. But I felt when I first arrived that I knew virtually nothing about what was being done — either about the aim of the work, or that it was basically an American set-up. I should add that, in general, on Saturday and Sunday, we had the opportunity to go on walks and excursions in the area which is extremely beautiful.' 'Spartan accommodation! Living and sleeping in the buildings we were renovating. Plenty of running cold water! We really had no idea what we were going to find when we got there.' 'This camp turned out to be one of the most enjoyable holidays I have ever had.' 'The camp was thoroughly worth while and very enjoyable indeed . . . But the letters giving our travel arrangements arrived a week after we did! It might be a good idea to inquire about the travel details and send them off earlier, especially as the continental postal system is (surprisingly) grossly inferior to ours.' 'I would have liked more witness to the local community.'

Vendôme, France: 'Nature of the work — hard labour! The three weeks I was there we dug foundations for a chapel, laid the concrete foundations and cement floor, and put the walls up . . . We did get on very well, though it would have been best to have someone with real experience who knew exactly what he was doing. As it was the "foreman" was an American handyman who did very well. Some tension later on though, when there would be two opinions about a job, both amateur, and neither able to say absolutely what was right!' 'The two camps I was privileged to work in consisted of three non-indigenous workers, and we *worked* — harder than I have ever worked before — and we enjoyed it. No strumming of guitars, or flirting with French lassies . . . A suggestion for future work camps: make sure everyone goes out expecting to work, to get dirty, blistered hands, and a bent, aching back. A fellow I met thought he was going to lie out in the sun all day eating grapes to his heart's content!'

It is amusing to compare these with some of the comments made about Bill Latham's second set of work camps held in 1971. Bill claims they were learning from experience how to organise the camps. If so, a good number of the complaints should have dropped out on the second time round — yet they didn't! But from the last two centres, La Rivoire and Grossgmain, there were no complaints about lack of prior information or liaison on Tear Fund's behalf, usually the main criticism levelled by others. Bill Latham discovered, the hard way, how to organise work camps, and after two years at it was determined to be much more specific about details. 'We tried to foresee all the snags, but obviously we didn't foresee all of them,' was his comment. Fortunately for Tear Fund, everyone appeared to have enjoyed their stay despite the problems, and the comments from the camp-site hosts were one hundred per cent favourable. 'There has been nothing but praise for the people we sent. This is wonderful, as we are not able to meet the people we send personally but ask for a reference from someone who knows them and can vouch for their suitability, spiritually and physically. Often it is a minister or youth leader.'

The speedy response to the work-camp idea made very apparent to Bill Latham the awareness of young people to needs overseas, and their enthusiasm not just to give money but to *do* something. But Bill admits to a growing concern that the camps were not sufficiently 'relief'-orientated and he began to make inquiries to find a more suitable set of work-camp projects for 1972. His other reservation was the amount of administration needed to send just a few people to one centre — would it not be better to send more people to fewer centres? 'It is not surprising that in 1972 the fund held just one camp in a "relief" situation at a hospital in Nazareth with about 40 people helping over a period of a month or more'.

15. FORGING THE LINKS

Like the growing healthy child that it now was, Tear Fund was making an increasing number of excursions into the big wide world during 1970. Requests for speakers on the home front meant that staff and members of the committee were kept busy, while George Hoffman, in particular, found his role as secretary was beginning to demand far more.

Overseas contacts were obviously becoming increasingly important, and the interest in the lively newcomer on the British evangelical scene meant that George was going to be travelling a good deal, particularly on the continent. Meanwhile, Dr. John Laird, as President of the Evangelical Alliance, was able to commend Tear Fund to the Australian Alliance, while Bill Latham, once he had got into his stride, was able to drop in on some Tear Fund projects in Africa and Portugal.

Bill Latham's first contact with Tear Fund had in fact been the gospel concerts in the Royal Albert Hall, when, as Cliff Richard's close friend and manager for Christian engagements, he was naturally involved. He claims that his impressions of Tear Fund were pretty hazy at that stage, and when David Winter mentioned there was a job he might consider with Tear Fund, he didn't give it much thought at first.

Eventually he met the Tear Fund committee to work out a role for him as education officer. They discussed Bill's availability at weekends and finally it was decided that if he kept three a year free for Tear Fund that was a start. Bill laughs at this, for in only two years he found that almost every weekend he had a meeting for Tear Fund. There are in fact too many invitations for the staff and committee to cope with; a selection of the most strategic has to be made.

But in April 1970, this development had hardly begun, and Bill found himself, along with the other Tear Fund staff, watching the overseas developments, while he slowly got to grips with the new job.

One scene of conflict that was causing concern at this time and was to grow into a major political scandal was the Southern Sudan, where there were claims and denials of persecution of Christians by the northerners, forcing many Southern Sudanese to flee the country. Tear Fund had begun in December 1969 to send money to Uganda, specifically to help these refugees, and hoped that soon the plight of these down-trodden peoples would be realised and made public.

This did not happen. There seemed almost to be a conspiracy of silence about the whole affair, and anxiety mounted. George Hoffman was especially concerned, convinced that the situation could not just be ignored. He was particularly encouraged to find some moral support when he visited Geneva and met the editor of the Ecumenical Press Service (part of the World Council of Churches), who shared his concern and hoped to visit the Sudan to report on the situation as it really was.

Back at home, George Hoffman persuaded the *Church of England Newspaper* and the *Christian Record* to carry a front-page report on the situation, while *Crusade* also included a news item in its international pages. 'Sudan — another Congo?' was the fear expressed at the start of what was to prove quite a long battle.

Also back at home 'Los Picaflores' gave Tear Fund a welcome public airing and opportunity to appeal once again to young people at a small Tear Fund concert held in London in April. The 'charity concert' — carefully named — was on a much smaller scale than the previous efforts, though there were some early ambitious ideas about hiring the Royal Albert Hall again. But common-sense triumphed and the more modest Friends' Meeting House was hired for the occasion. The group — four missionary children, Terry, Rosemary, Hilary and Patricia Barratt, from Paraguay — entertained a capacity audience with colourful Paraguayan costumes, instruments and music. Perhaps it is ironic that since the evening ended with a sermon, Tear Fund was criticised this time not for being worldly but for being evangelistic at a charity concert! However, the evening fulfilled its purpose in that £250 was raised for the fund.

While Tear Fund was busy forging links at home and abroad, 1970 was proving itself to be a year for earthquakes. In April news came of earthquake damage in Turkey, and immediately gifts began to reach Tear Fund ear-marked for relief work in that country. This put the staff once more on the spot, because, after consulting with Ernest Oliver and writing to five possible 'contacts' in Turkey it became obvious that there were in fact very few Christians in the country. If a situation similar to the Tunisian operation was to be avoided, great care must be taken. Eventually two men both holding influential and responsible posts in Turkey were in touch with the fund, and gifts were on their way.

'It was 3.24 on a quiet Sunday afternoon that the 'quake was felt.' No, not in Turkey. Events there were overtaken by news of a far worse disaster in Peru, and the tale of appalling damage to life and property caused by the June earthquake dominated the mid-summer news media. 'Many Peruvians had their eyes glued to the television where their country's football team were fighting it out with Brazil in the World Cup. Minutes later they were lying in the streets as buildings swayed and toppled all around them.' This is just a small cutting from one news report published that summer in *Tear Times*, before the full toll of damage and death could be assessed. By the autumn a clearer picture had emerged: 'Latest figures released estimate that 70,000 lost their lives in the earthquake and

800,000 were made homeless. Damage extended over an area of more than 100,000 square kilometres during the forty-second upheaval.'

Whatever the cause or extent of the disaster, Tear Fund was able to move fairly fast on this one. The emergency machinery was fairly well-oiled by now; unhappily it was to be pretty well-used during the next year. On hearing the news reports on the disaster, George Hoffman contacted Colin Grant and Ernest Oliver, whose societies worked in South America. It was the latter who was able to give George the name of a man on the spot — Mr. Robert Anderson, General Secretary of the National Evangelical Council in Peru. Within twenty-four hours cables had been exchanged confirming that money could immediately be put into use for relief work through the National Council, and £2,000 was sent almost at once. In all, five gifts were sent totalling £5,500, the last gift being sent when news broke of yet a further earthquake at Tumbes.

It must have been encouraging to receive the following letter: 'I have read with interest in the June 26th issue of *Tear Times* your plea for funds for Peru after the earthquake that killed so many in my country. This good gesture of yours is highly appreciated. I would like to report to my government about your efforts and actions as well as the results of your appeal. Sincerely yours, Adhemar Montague, Ambassador.'

The response to the fund's appeal was a further encouragement: June's income at £5,299 was £2,000 above average, and gifts continued to come in for quite some time afterwards.

No-one was more conscious of the exciting developments in Tear Fund's support than Charles Phillimore, as he handled the financial side of the work. With his tremendous sense of compassion, Charles seemed able to prevent financial statements from becoming mere pounds and pence. Often he would note for the committee the contrasting types of gift received: 'November 1969: largest sum received — £1,000 from an individual through our advertisement in the *Church of England Newspaper*; smallest sum received — 2 shillings from a disabled person.' In mid-1970 he further analysed the income to show which groups gave the money: individuals, churches, youth groups, colleges, university Christian Unions, and Sunday schools. By the autumn he added the number of such groups, so that a typical set of figures for that October read: 'Income £10,161 14s 7d: 169 churches donated £1,013 11s 8d; 23 youth groups donated £386 13s 6d; 371 individuals donated £8,761 9s 5d.' This was the usual pattern, with individual gifts far exceeding those from other sources. And with the advertisements including banker's-order forms, many individuals were giving to Tear Fund on a regular basis each month — one of Pete Meadows's main intentions when he introduced the idea.

Charles Phillimore was also ideally placed to analyse the denominational breakdown of support which was, as Morgan Derham had predicted, fairly representative of all the mainline denominations: Church of England, Church of Scotland, Irish Presbyterian, General Baptists, Methodists; and also of the smaller ones: Strict Baptists, the Fellowship of Independent Evangelical Churches, the Brethren, the Elim Pentecostals, the Assemblies of God and the Free Church of Scotland.

Youth groups had also responded admirably to Tear Fund, and most of the evangelical organisations, whether denominational (Church Youth Fellowships Association, Pathfinders) or inter-denominational (Boys' and Girls' Brigades, Crusaders, Covenanters) were giving support. Other Christian organisations could be added to the list: Young Women's Christian Associations, university Christian groups, Nurses' Christian Fellowships, the Church of the Deaf, the Honor Oak Fellowship, the British Rail Christian Fellowship and Christian conference centres.

1970 could have been called 'sponsored walk year' though fund-raisers were beginning to think of newer ideas, replacing sponsored walks with safer methods of making money. Ingenuity — and a certain degree of cheek — seemed the necessary ingredients to bring off a varied list of projects. But according to Mr. Phillimore's records money had been raised by sponsored starve-ins, snip-ins (hair — not grass!), handshakes, and of course, walks, though money had also been raised by holding coffee mornings, austerity meals, doing grass-cutting or car-washing, or by giving one day's pay — nothing very original perhaps, but part of the vital dynamic of enthusiasm and support for the fund.

Some gifts had a more personal touch — money sent in lieu of flowers at a funeral, or the sale of an artist's first picture; and nothing touched Charles Phillimore more deeply than receiving gifts from those who could afford little. 'I know that old-age pensioners buy Savings Stamps, and when their book is filled they send it to Tear Fund. It is very humbling to get gifts from those who have so little to give,' he commented.

One large chunk of support comes through covenants, and some supporters use one of a number of Christian Trust funds from time to time.

Tear Fund, like every other charity, depends on the generosity of others, but, unlike most national agencies, it will not appeal nationally for support. It has always claimed to send money from Evangelicals through Evangelicals to all in need. Its appeal is thus limited. But in its 'personalised' approach to its supporters it reaps friendly and warm-hearted reactions: 'Would you kindly send the enclosed 25p to the hungry. I am crippled with arthritis and cannot go out but I thank God at least I am not starving.' 'I used your poster depicting Gladys Aylward in our coffee bar at Christmas. One boy, on seeing it, immediately took off his cap and went round to all his friends and collected the enclosed £1.50.'

16. NEW IDEAS, NEW FRIENDS

The Editor

Dear Sir,
In relation to the forthcoming General Election, the Committee of Tear Fund (The Evangelical Alliance Relief Fund), urges all Christians to consider seriously the inequalities that exist in the world today, and the desperate plight of many people in the Third World, and to bear in mind what the Bible teaches regarding our responsibility to care for those in need. We therefore urge that Parliamentary candidates — irrespective of their political loyalties — be asked two basic questions:

1 Will you seek to persuade the Government to formulate and carry out a comprehensive policy to govern Britain's activities relating to overseas development, rather than the stop-go overseas aid policies that seem to have featured in the past?

2 Will you press the Government to implement its undertaking at the United Nations' Conference on Trade and Development in 1968, to raise the total of British public and private funds for developing countries to a minimum of 1 per cent of the gross national product by 1972, 0.7 of the 1 per cent being in the form of official aid?

We realise that the mere increase of monetary aid to the Third World will not solve all its problems. But few of its socio-economic problems can be solved without it. We realise too that there are other important subsidiary questions that could and should be asked, but we isolate these two as being of prime importance.

Yours sincerely

This letter, sent to the editors of the various Christian periodicals for publication, was signed by all the members of the Tear Fund committee. The fact that not many of the said papers actually published it in no way detracts from the effort that had been made to reveal some interest on Tear Fund's behalf in the coming election.

The letter followed some hard thinking and was not written lightly. Glyn Macaulay as Chairman felt that the fund should be prepared to give some sort of lead, Morgan Derham, Mary Jean Duffield and John Boxhall were responsible for doing some background work on the subject, while Ernest Oliver expressed reservations about anything large-scale — 'We are a small fund which is only scratching the surface; I think we should avoid an over-emphasis on political involvement. People like to see us doing something really positive and constructive with the resources available . . . like work camps in Europe, or the speedy response to the disaster in Peru.'

When the *Church of England Newspaper* published the 'Open Letter', criticism did reach Tear Fund, expressing concern that in making a public political statement, it would split its support and further divide the evangelical world.

The election over, and the Conservative party back in office once again, political involvement drops out of the fund's deliberations for a time. But perhaps that may have been partly due to Mary Jean's resignation from the committee in July. She admits that frustration over the political angle helped to make up her mind, 'but that was not entirely the reason. I left partly because I felt the committee all knew as much as I did, and more, about — say — building a hospital overseas. But only I seemed to feel strongly about the long-term effects of that hospital administration on the health service of a developing country. Nobody seemed to share my feelings, and I was not able to put this across. I'm not a teacher. So I felt there was no point in carrying on.' There were no hard feelings and the committee, loath to lose its political 'thorn in the flesh', tried to persuade Mary Jean to withdraw her resignation, but in vain.

Building hospitals had been a good example to choose to illustrate her case, however, because after her refusal to remain on the committee, it was medical projects that governed the choice of her successor. George Hoffman pointed out that since these figured prominently in the fund's current programme, it was strange that there was no representative of the medical profession to guide the committee's decisions. As a result, Dr. Richard Bird of the London University School of Tropical Medicine, an old friend of EAR Fund's, joined the committee in September, bringing his knowledge and experience as a former missionary doctor in Jordan and member of the World Health Organisation.

September brought with it something of a 'back-from-holiday'-type of review of what had happened during the summer. The fund had some interesting and encouraging developments to record. Bill Latham's first harvest pack appeared to have gone 'like a bomb', with 600 churches and youth groups using the sets of thirteen posters based on verses in Matthew's Gospel, chapter 25: 'I was hungry and you gave me food' under the general title 'Thanksgiving means Thanks plus giving.' Bill could also report on his visits to Tear Fund projects in Kigeme, Rwanda, and Portugal, and an idea for a Christmas project that had developed from his visit. Bill had meanwhile put in hand the preparation of the first Tear Fund soundstrip for launching in early 1971.

Pete Meadows for his part was able to review the summer advertising campaign with a certain degree of satisfaction, and suggest a new idea for 1971: a Tear Fund Sunday. April was his choice of month, and the day would focus on the needs of the Third World, provide an opportunity for associating giving with sacrifice (by having little or no lunch) and promote Tear Fund between Christmas and harvest. April 25th, 1971, was chosen and the green light was given for promotion and publicity materials to be prepared.

George Hoffman's review revealed Tear Fund's growing international influence, highlighted by his visit to Oslo for the European Evangelical Alliance annual conference. Tear Fund's support was no longer confined to the British Isles, by any means. Among the scattered places from which gifts had come were a Baptist church in Barcelona, an Anglican church in Shiraz, Iran, a Methodist church in Darwin, Australia, Christians in Perak, Malaysia, and Auki in the Solomon Islands.

On the European front, a more immediate prospect was a new 'name' for the fund. George's links with the World Evangelical Fellowship and the European Evangelical Alliance had resulted in 'a distinct possibility that the fund would be recognised as the Relief department of the EEA'. Work camps in Europe had been a beginning, and George sensed a desire to see more done on an evangelical basis. Perhaps 'Tear Fund International' was a possible new title. Furthermore as international secretary for the WEF, George was able to state fairly confidently that he foresaw Tear Fund International becoming the relief arm of WEF, replacing ICA (International Christian Assistance). This would be a rationalisation of roles for George, if nothing else, and a further opportunity for co-operation.

Perhaps that last word more than any other spells out Tear Fund's ethos: co-operation, whether with missionary societies, relief agencies, missionaries, national churches, alliances or fellowships. Late in 1970 George expressed just this hope: 'I think we shall see a greater spirit of co-operation around the developed countries of the Western world. I look back and see, over the last two years in Europe, the possibilities growing for co-operation, and now there are tremendous opportunities for this among Evangelicals. It's a slow business but it is coming now, from Scandinavia, Spain, Germany. Interest in Tear

Fund. They don't want to see a separate agency — they want to work with us. And beyond that — who knows? Maybe the possibility of a world-wide co-operation in relief among Evangelicals'.

17. TO THE WHOLE MAN

'There are four tribes of Indians living in the Chaco area of Northern Argentina: the Chunupi, the Choroti, the Metaco and the Toba. These are lovely people, but in urgent need, not only spiritually but physically and socially as well. And our commitment to these Indians is total. We endeavour to win them for Christ, to feed them, educate them and heal them. I think that here Tear Fund's involvement was the beginning of a process that has taken a good deal of the financial responsibilities rightly off our shoulders.'

Project No. 1 on the Tear Fund files is support given to the work of the South American Missionary Society in the Chaco; it has been supported since October 1967, when EAR Fund sent the first £600 to give agricutural aid to the Metaco Indians. Besides agricultural help, Tear Fund has sent emergency supplies, medical aid, and funds for rehabilitation. Among the items listed are a Land-Rover-type vehicle, seeds, fumigators, knitting wool, sewing machines and carpentry tools.

Canon Harry Sutton made the above comment on this project in his role as General Secretary of the South American Missionary Society. In tracing Tear Fund's concern with the society's work in South America, Canon Sutton also explains his personal views on the involvement of a relief agency in missionary work.

The Chaco is an area of scrub and forest. In the winter the tracks turn to a thick mud, and in the summer to a fine dust. The work of the SAMS missionaries in the area was hampered by problems of transport and communication, and Tear Fund stepped in with its gift of a land-Rover in 1968, the result of those first concerts at the Royal Albert Hall. Canon Sutton saw this as a further example of Christian concern. 'There's been a lot of dialogue about the role of an agency, such as Tear Fund, in mission, and it is easy to give and get wrong impressions. One is that missionary societies regard relief agencies as competitors. This is not how I see it. I think relief agencies have probably got a larger share of the "new money" — and we don't mind at all. It is a fact of life.

'Say that £100,000 is found in a year — from new Christians. In the past it would have all gone to missionary societies Today it would be split up between missionary societies and relief agencies — and relief agencies get the largest slice of the cake.

'But these agencies are our allies — not our enemies. I can't answer for a missionary society facing dwindling support — if such there are — but in our case, we welcome the growth, and support, of a fund like Tear Fund.'

One of the main developments in Tear Fund's support for SAMS has been the sending of four missionary agriculturalists on a four-year scheme. Wasn't this taking involvement too far?

'If we as a missionary society appealed to send out four agriculturalists, I think the response would be limited . . . because people would say: "Your job is to go and preach the gospel." This is one of the misconceptions about the role of mission. Now, if Tear Fund appeal for this project, they get a colossal response, and are able to share this money with the Church in Northern Argentina, providing them with four young qualified people, through a human agency — SAMS, who are honoured!'

When it comes to emergency help, Tear Fund was able to give aid after the earthquake in Chile of July 1971. The severe tremors devastated an area around Valparaiso, destroying property that belonged to the mission, including churches and a school. Many of the children and parents in touch with the mission lost everything they possessed. 'It was in a situation like this that Tear Fund could help to a small but significant degree where our mission resources were fully engaged.'

So Tear Fund was involved with SAMS in both short-term and long-term projects, helping to meet needs brought about by sudden catastrophe, as well as sharing in on-going programmes. In the long-term programmes of support, Canon Sutton believes there has been a growing improvement and efficiency. Gone is the day when agencies offered to buy equipment or supplies and then moved out — 'leaving the missionary society holding the baby', as he put it, though he felt this was often not by design: the problems just had not been foreseen. Today agencies, including Tear Fund, operate in a 'most efficient manner'. When a project is costed, future contingencies are considered. If an agency withdraws, it does so gradually so that the local people, and the missionary society, know what they have got to carry in the way of financial commitment. Thus SAMS has to prepare for the possible end of support from Tear Fund for the four agriculturalists, after the four years are complete.

Canon Sutton hopes that at the beginning of their third year abroad, SAMS and Tear Fund can look at the future. If there is doubt about Tear Fund continuing to give support, this will give the mission eighteen months or so to consider and include it in its own budget. This was fully understood before the project was entered into. And, in the last resort, the four young people are SAMS missionaries, chosen by the society who looked for high professional standards, knowing that they would represent a substantial investment of Tear Fund's money, yet also meeting the high requirements of the society: whether they were spiritually equipped for the work, whether they would fit into the team in temperament, and whether they would be at home in the total environment of the society.

'What we provide is a fellowship committed and local, on the mission field. The missionary will be part of that fellowship with a society. Tear Fund is not geared to provide that, and I don't think it would ever intend to – it provides financial and administrative help instead.'

SAMS has not made any direct approach to Christian Aid or Oxfam, though both agencies are forwarding development in South America. The plans that SAMS have for their area of Northern Argentina and Paraguay are well known to the World Council of Churches, and it may be that one or other agency will offer to discuss and provide support for one of the projects. 'We have built a dam, for instance, in Paraguay: a project involving many thousands of pounds, and highly skilled technicians. It may be a project like this may attract attention.

'But we do apply for support from Tear Fund — because we are that bit nearer to them, in our close links through the Evangelical Missionary Alliance. Right from the start we have been happy to see Tear Fund involved in our work.'

Other missionary societies have not followed Canon Sutton's lead so readily, but he considers there are historic reasons for this. 'Most definitely evangelical societies would still have some tension in their thinking, a theological dilemma to solve, about how legitimate it is to be socially involved. And this would make them reticent about applying to Tear Fund. In Latin America, we are very aware of this theological tension, because we are influenced greatly by North American fundamentalism.'

In Britain, Canon Sutton believes that Evangelicals have 'beaten the living daylights out of the "social gospel" during the past decade or so. What we have not done is to replace it with a biblical doctrine of social involvement. So that on the one hand we've got "a Christian presence" in social involvement — which to me, on its own without the proclamation of the gospel, is meaningless. And, on the other, we have the proclamation of the gospel and no social involvement, which is lopsided! Evangelicals are so afraid of "good works", as such, that in some cases this fear is used as an excuse for not getting involved. But this lack of involvement is not theologically motivated — it is motivated by sheer indifference. And this indifference cannot be maintained much longer, when more and more opportunities for social involvement knock on their door asking "Look! Here is need. What are you going to do?" '

It is to just such a person who is concerned about missionary society involvement in relief projects that Canon Sutton would say, 'We see man as a whole. A careful reading of the New Testament will reveal that the Lord Jesus Christ is as interested in a man's soul as in his body. The focal point of mission must be to a man's soul — we accept that — but this does not mean that the other integral part of man must be neglected.'

However strongly Canon Sutton might feel this to be so, he acknowledged that there are many Christians who genuinely and conscientiously feel that it would not be the best use of their money to give to an organisation as broadly based as Oxfam. 'This is not a view that I personally hold, but it is a view that I recognise and respect.' This, he felt, proved that there will always be an urgent need for Tear Fund. 'It's no good burying your head in the sand and saying such Christians do not exist. They do — in larger numbers than we imagine, as witness the impact of Tear Fund in just a few years.'

One of the concerns expressed by Morgan Derham when Tear Fund was first conceived was the poor image that missionary societies seemed to have in the eyes of young Christians. Canon Sutton considered that the societies faced a communications dilemma forced upon them by a world that responds and reacts very readily to what it sees and hears, but not to what is unseen. And the problem for the missionary society is that 'dying souls are not photogenic. Young people respond readily to physical need but are far less challenged by the thought of spiritual poverty. Why? If we go a bit deeper, I believe modern Evangelicalism has changed its standards. Christian girls today wear short skirts, nylons, lipstick, etc. I can remember the day when a girl dressed like that would not have got over the threshold of any evangelical society in London. We have changed the standard of what we call "worldly" and with this change has come this over-emphasis on the visual and aural at the expense of the invisible, spiritual values. This is a far more subtle form of worldliness to worry about than the wearing of lipstick, or going to the "flicks". It is far more dangerous.'

18. SMALL NEEDS ARE AS IMPORTANT AS BIG ONES

Before 1971 could dawn bright and fair with the threat of a postal strike hanging over the British scene, Tear Fund managed to finish off 1970 with a grand financial flourish.

'For the first time, Tear Fund's monthly income passed the £10,000 mark. October's total of £10,160 reflects the impact of the harvest poster display "Thanksgiving means thanks plus giving" which was used by some 600 churches and youth groups throughout the country', stated a press release issued in early November. There was no immediate backward slump this time, and November's total was still in five figures at £10,035, while December's was a phenomenal £15,232 — the result in part, of course, of special Christmas promotion. There is little doubt that Tear Fund's lively and imaginative promotional ideas were beginning to reap results, and, in this case, it was an idea of Bill Latham's that came to fruition on posters and advertisements as the fund asked the Christian public to help it 'giftwrap a clinic for Christmas' — the clinic being one that Bill had visited in Rwanda earlier in the year.

Besides the usual promotion, news items in the press helped to remind people of the fund's existence — while proving that it can't be bad to have a pop star closely connected with a member of your staff. Returning from his annual holiday with Cliff Richard, Bill Latham — with Cliff — called in on a couple of Tear-Fund-supported projects in the Lisbon area, and the result was a photograph and brief report in the *Christian Weekly Newspapers*: 'First Cliff saw the medical ministry of nurses, Ruth Machado and Dina Pereira. Later, he spent time playing with children in a home run by Dutch missionary Miss Johanna in't Veld'. And the *Evening News* for November 14th, a Saturday, carried a photograph of a small smiling African child glancing shyly up at Cliff Richard, alongside a news item headed 'A Visitor to write home about': 'A very special visitor looks in on six-year-old Matilda Mwale recovering from plastic surgery in London's Great Ormond Street Hospital. The visitor is pop star Cliff Richard whose voice is almost as well-known in Matilda's native Zambia as it is in Britain. Matilda was brought to this country by the Evangelical relief organisation Tear Fund, so that surgery could help put right the wounds she received from burns two years ago.'

Making headlines in one of Britain's largest evening papers was the result of a missionary's concern for Matilda's welfare. Ted Blackmore, of the Chibola Mission in Mulfira, Zambia, knew that without further surgery, Matilda's injuries would gradually limit her movements — he also knew that the necessary operation could not be done in Zambia, and that London offered the best opportunities. The need was brought to the notice of Tear Fund who felt this was something well worth while — and certainly Matilda's improved condition was a reward in itself, besides all the excitement of Cliff's visit: 'Understandably Matilda looked a little coy as flash guns exploded round her bed,' the report continued, 'but the occasion wasn't so awe-inspiring that she couldn't sing along with Cliff to a chorus of "Congratulations!" Clearly Cliff's visit proved an effective tonic, for Matilda left hospital just a few days afterwards.'

As with Matilda's needs, Tear Fund has been able occasionally to give aid on this personal level, within the very intimate and personalised framework of the Fund. Nothing is too trivial to be given careful thought, and often a prompt response is the result. That was certainly true of Dave Foster's request for his friend who needed artificial legs, and a similar project in late 1970 concerned the provision of an electric wheelchair for a

Chilean Christian who had lost his means of livelihood along with the use of his legs.

Over and above all this publicity, how much of the increase in income could be attributed to the first of several devastating blows to smite India, and, more especially, East Pakistan?

'It seems a long time ago now. In November 1970 we woke up one morning and saw the headlines: "Cyclone Disaster in East Pakistan – Many feared Dead." But nobody knew until several days later that half a million people were affected by that cyclone that had hit that part of India and Pakistan.' Ben Wati, Secretary of the Evangelical Fellowship of India, explained to Glyn Macaulay, who visited him in 1971, how EFI responded to the news of the crisis. 'We were moved and wondering just how we could be of some help, when George Hoffman cabled to ask if Tear Fund could be of assistance. I cabled "Yes." I knew the Mennonite Central Committee in Calcutta could use 1,000 dollars at least, to purchase and airlift two 15-h.p. outboard motors to be used for relief work in flooded areas, and that food and clothing would be needed for survivors. We were happy, therefore, to receive money from Tear Fund. With it, we were able to purchase clothing for boys and girls: dresses and pants and things, and clothing for men and women. These were distributed by the Mennonite Central Committee, along with blankets and soap and other basic needs. We work very closely with the MCC and until mid-1971, EFI did not have its own machinery to run a relief operation, so we channelled the money to the MCC and they administered it.' Since mid-1971 with the influx of refugees from Bangladesh, and with the encouragement of Tear Fund, World Vision and other agencies, EFI launched its own Relief Committee entitled EFICOR. 'To us in EFI this is a privilege, sharing and involving ourselves in social concern,' Ben Wati comments.

In the cyclone the loss of life, both human and animal, was so great because, as Ben Wati explained, many had come from further afield to the area for the harvest. Hardest hit were the old people and the children, but hundreds of thousands of people just disappeared without trace. No one was able to count the dead. But before any long-term rehabilitation could take effect, the political situation arose between India and Pakistan, and refugees came flooding across the borders, adding to the hardships.

Looking back to late 1970, it is hard to remember that first horror — so much has happened in India and Pakistan since — but in fact, 10,000 square miles were devastated in just one night of horror, an area bigger than Wales. On one island only 5,000 of the total of 30,000 inhabitants survived. 'I could not walk 200 yards without passing heaps of bloated bodies . . . We have buried 5,000 in mass graves; our hands are aching. We can't dig any more . . .' were some of the grim eye-witness reports. It was claimed that in 1967 the greatest living expert on cyclones predicted that one million casualties would be a reasonable estimate if a cyclone of the same magnitude (as previous ones in that area) hit East Pakistan. On the night of November 13th, three years later, his words seemed to have been proved true.

The winter 1970 *Tear Times*, in which George Hoffman described, in these vivid terms, the extent of the disaster, was also used to spell out what relief Tear Fund was giving: 'After sending an initial £2,000 to the International Christian Fellowship (formerly the Poona and India Village Mission) and the Evangelical Fellowship of India for emergency needs, Tear Fund then helped to purchase and airlift two 15-h.p. outboard motors. These have already proved to be a lifeline. Attached to shallow draught boats they have taken supplies to stranded victims isolated and cut off by new channels that have altered the whole landscape since the storm struck . . . In co-operation with Evangelicals from Nepal and EFI, Tear Fund's relief programme will follow three distinct stages. One: despatching immediate relief supplies carried inland in conjunction with the

Mennonite Central Committee. Two: providing material for housing the homeless. Three: purchasing IR8 rice for seeding in January and harvesting in April 1971. (Normal rice crops are not ready until mid-July, but this new strain will yield its crop much earlier.)'

With reassessment and consolidation behind it, Tear Fund was to see unprecedented growth in all departments in 1971. Building on the foundation laid in 1970, it was to be a year of expansion. How much that expansion was affected by the postal strike is hard to determine, but the January income was encouraging: despite the start of the strike on January 20th, it was £9,978, and two particular funds set up for the clinic in Rwanda, and for East Pakistan, stood at a healthy £10,946 and £9,884 respectively. February income slumped to £795 — not since September 1968 had a month's income been so low — but March (£7,726) was more respectable, and April (£10,119) even more encouraging. All the same, few pundits were expecting the fantastic June total of over £25,000.

New-year reassessments might sound all too predictable, but in Tear Fund's case, a major change of offices forced a further reconsideration of staff structure and office accommodation. The Evangelical Alliance was leaving its home in Bedford Place and establishing new headquarters at 19 Draycott Place, near Sloane Square. In advance of the move, Tear Fund had made careful plans to ensure that its ever-expanding work would have sufficient room. At Bedford Place, the fund had been squeezed in rather haphazardly, being a late arrival; the staff occupied rooms on two floors, some sharing with other departments. Determined that this situation should not be allowed to continue, George Hoffman drew up careful plans for the use of the top two floors at Draycott Place, including the largest office in the building, which was to become a packing and stock room.

With more space available, it was possible to employ more staff, and a further division of labour was considered where the committee were concerned. Monthly meetings for the whole committee had become the norm, but there was concern that the increasing responsibilities of the growing fund with its company status demanded a further rationalisation of administration. The suggested future pattern was agreed: a Council/Board of Directors, meeting bi-monthly, would be responsible for overall oversight of policy, development and allocations over £500, while a General Purposes Committee, consisting of the Tear Fund staff plus the chairman and John Boxhall, was to meet at monthly intervals to exercise budgetry control and financial oversight, and to be responsible for staff and general administration and for allocations up to £500 (not exceeding £2,000 in any one meeting).

The need for specialist knowledge on committee was becoming increasingly obvious as more ambitious projects were proposed in areas such as building and agriculture. Having now the special advice of Dr. Bird on medical projects, Tear Fund planned to draw in consultants and new members on the committee who were experts in particular fields.

The threshold of 1971 was not without its problems. The 'giftwrap a clinic' idea led to unexpected complications when one church, accustomed to supporting the society concerned, Ruanda Mission, gave its Christmas support instead to Tear Fund's project at the Ruanda Mission hospital at Kigeme. If this incident was multiplied, great misunderstanding could arise. Various suggestions to avoid a repetition of the muddle were made. Perhaps leaving the name of the missionary society concerned out of the promotion material would help? No, to omit that would undermine the very role Tear Fund was seeking to play in being 'workers together' alongside missions and national churches. It would be better to share the fund's concern over the matter with the society in question, and see what suggestions were forthcoming.

Dr. Harold Adeney, General Secretary of the Ruanda Mission, expressed his concern about the mission's support in the light of this event, but he felt it was an isolated case and, if anything, the mission had gained far more from Tear Fund than it had lost!

In the light of this experience, the fund decided to emphasise that on joint projects such as this donations to the Tear Fund project, 'should in no ways be a substitute for other regular mission support.'

19. DOWN TO EARTH

Dominating the scene for Tear Fund during 1971 were three events that undoubtedly helped to push the level of expansion far beyond that of any previous year. The income for the first six months of the financial year was well over £80,000 and for the calendar year it exceeded £150,000. Meanwhile the number of projects was moving into three figures, so that by 1972 there were some 125 on the files compared with the 10 listed in 1968.

The three events? The Tear Fund Soundstrip *Down to Earth*, Tear Fund Sunday, and the India/Pakistan conflict, highlighted particularly by George Hoffman's first-hand account of his visit to the camps outside Calcutta.

Down to Earth was premièred on January 8th, 1971 at the private cinema of John Laing Construction, in Lower Regent Street. It was something new in the way of promotion strips, presenting not just Tear Fund, but the needs that it was easy for affluent westerners to ignore. Those invited to the première included leaders from the various youth and education organisations, and the religious press. Groups represented included the Covenanter Union, the Church Youth Fellowships' Association, the Crusaders' Union, Musical Gospel Outreach and the Girls' and Boys' Brigades.

Cliff Richard also attended that press showing — not altogether a surprising appearance, as he had helped to create part of the background tape for the strip, reading the commentary, and singing the theme song, written by David Winter. The music for this was Cliff's own, and he accompanied the recording himself. The song fades in and out during the soundstrip, introducing a note of pathos with its repeated 'No one hears' . . . 'no one sees' . . . 'no one cares' echoing hollowly against the powerful roar of western gadgetry and luxury-styled machinery.

The 'down to earth' bit was also brought home by a clever combination of sound and visual when Cliff says 'Fantastic! It's a great to be alive.' Immediately the picture switches from the smooth powerful thrust of the Concorde in full flight to a destitute family in the Chaco, South America, and Cliff adds, 'At least, as long as you live in the West, that is!'

The wad of letters and forms that stuff the *Down to Earth* file is evidence of the months of patient plodding that had been done in the background to make that strip a reality: finding transparencies, getting songs taped, and above all, gaining permission to use all the copyright material: not unusual, if you are used to producing filmstrips for a living — but, strange to say, Tear Fund was not.

It seemed that often the magic words 'charity' or 'relief' worked wonders: 'while we do not normally allow our works to bc used without the payment of a suitable royalty, we are prepared in this case in view of the nature of your request to grant you consent, for which we will make no charge', was the somewhat ponderous but generous reply from one company. All the way from the National Aeronautics and Space Administration, Manned Spacecraft in Houston, Texas (NASA for short), came this brief cheery missive: 'You have our permission to use the slides in the manner outlined in your letter,' each letter — and there were several — ending with the phrase: 'Your interest in the space program is very much appreciated.' This was particularly gracious, considering that the shots of the Apollo lift-off were used, not to promote NASA's achievement, but to illustrate the ultimate in spending in a power-conscious, money-grabbing West that was in danger of forgetting some of the blatant and desperate needs of less well-developed areas of the world.

The inspiration behind the visual and aural aspects of the soundstrip was Ian Davis, an architect by profession, and a lecturer at the Polytechnic in Oxford. In close collaboration with Bill Latham and Bill's secretary, Tessa Philipps, the strip took shape. The sound recording was finally made at the Livingstone Studios in New Barnet, and the processing of the filmstrip at Filmstrip Productions, in Bryanston Square, London.

Reactions to the strip were, without exception, favourable. The youth group interviewed at the beginning of this book remembered it vividly, particularly the ending: the anguished sound of a baby crying and the staccato rattle of gunfire — a brilliant aural touch that lingered in the memory, reminding them of the strip's message.

Others who wrote to express their appreciation were impressed by the high standard of the visual presentation: 'I recently hired from Tear Fund the soundstrip for use at a Boys' Brigade Bible class. I took a chance on it, not knowing what to expect, and I do feel that I must tell you I was highly pleased with it. The film is not only technically brilliant but spiritually moving as well . . . I hope we may be of as much help to you materially as you have been to us spiritually.' 'It may interest you to know the course of events following the showing of your soundstrip to the Bible Class of Largo St. David's Parish Church in May,' wrote another correspondent. 'Largo is a village on the Fife coast, and our Bible class consists of boys and girls between 12 and 17. Shortly after we had seen *Down to Earth* one of the thirteen-year-old girls said the filmstrip had made a deep impression on her, and she felt we should attempt to do something about it. All were agreed that this was a first-class idea, and so we have set ourselves a target of £100 which we hope to raise for Tear Fund by Christmas. All sorts of activities are under consideration, one of them being of the "bob-a-job" variety.'

Another result of using the filmstrips is described by the

secretary of a church youth club in Southwell, Nottinghamshire: 'We have decided to try and promote a missionary interest in our church. We propose to raise about £20 in the next six months for Tear by means of a specific project. We therefore ask for a project in this price region which would pay for a specific piece of equipment, supply of medicine or other such thing.' These were not just satisfied customers, but practical and active ones as well.

Tear Fund Sunday had also taken a good deal of preparation, though nothing so far-flung and extensive as that for the soundstrip. Before the advertising campaign could be launched, quotable quotes from six supporters intending to make April 25th a 'miss a meal' day for Tear Fund had to be found — not just any supporters, but some who would represent fairly accurately Tear Fund's own constituency. The finished product carried six photographs of two clergymen, an Anglican and a Baptist; two laymen; one of Tessa Philipps, a member of the staff; and one of a group of African children. Amidst all the explanations as to why people were going to miss a meal for Tear Fund, the last group were quoted as saying 'Miss a meal? We have no choice.'

To promote the date, a bulletin poster had also been designed reminding supporters 'You'll need a big breakfast on April 25th' and adding: 'the idea is that you miss your Sunday lunch — and give the money saved to Tear Fund . . . At least you will be able to prepare yourself with a large breakfast. Half the world hardly knows what the word breakfast means.'

Each group applying for materials would receive an eight-chart display illustrating in the usual black-and-white, graphic way the contrast between poverty, hunger and health, using some of the more telling statistics available. Accompanying this would be a tape-recording made by George Hoffman, and a poster and leaflets promoting a project needing support: in this case, the four agriculturalists going to South America.

Glancing back at the impact of the first Tear Fund Sunday,

Bill Latham was happy to report a fairly successful response: 251 people requested materials; £2,378 had come in from that particular Sunday's activities, plus £2,444 for the agricultural project; and one of the most unexpected and encouraging inquiries had come from Southern Television. In March the company began a weekly series of local religious magazine-type programmes early on Sunday evenings called *Sunday South.* In answer to a request for materials about Tear Fund Sunday, the fund supplied the programme producer with various items, including photographs of the four missionaries going to the Chaco as agriculturalists; Cliff's visit to see Matilda in Great Ormond Street Hospital, and a number of promotion materials. As a result on April 18th, a week before Tear Fund Sunday itself, *Sunday South* featured the event in its programme, using some of the materials provided.

Tear Fund Sunday produced a couple of brickbats also. Perhaps the first was inevitable, as Tear Fund had 'asked for it' by suggesting 'have a big breakfast if you're going to miss your lunch', and a few critics felt that this defeated the whole object of the exercise, by removing the element of sacrifice from Tear Fund Sunday. The second criticism came as a result of the Tear Fund Sunday advertisement in the *Baptist Times*, which presented the challenge of the four young people leaving cosy Britain for the wilds of the South American Chaco. This complaint was far more serious: why was there a need for another relief fund; was not the existence of Tear Fund creating further divisions among Christians? It was left to Morgan Derham as a Baptist on the committee to reply to this 'Letter to the Editor' in a later issue, correcting a number of incorrect statements, and stressing that, like it or not, there was 'an evangelical self-consciousness that goes across the churches', and that Tear Fund was not creating this. It was already there. 'OK, this group of Evangelicals exists, our job is to enlarge their horizon. To do this we have to relate the problem of world need to them in such a way that they see this is something they ought to be interested in. As soon as they get involved, we are able to widen their horizon a bit more, and Tear Fund has been able to make a lot of people aware of the fact that there is a social responsibility Christians can share in — without compromising their principles. Tear Fund has tried to remove the excuse for not getting involved.' This was how Morgan Derham expressed his defence of Tear Fund's existence, looking back at the event at a later date.

George Hoffman did not want to emphasise differences. 'I would much rather concentrate on the areas in relief work where we can co-operate. I'd also rather see emphasis laid on the work Tear Fund is enabling others to do overseas meeting the needs. I think our responsibility is not only to Evangelicals in this country; it is also to Evangelicals out there on the spot in the needy areas.'

As to the third vital link in the success story of 1971 — the India-Pakistan conflict — there is little doubt that however successful a fund might be at promoting itself in Britain, and urging its help on those overseas, without the incidence of desperate emergencies such as occurred during the birth pangs of Bangladesh, no fund let alone Tear Fund, would have grown at such a phenomenal rate, leaping, during 1971, from an income of nearly £10,000 in January to over £25,000 in June and on to over £30,000 in October.

20. THE DOCTORS

Among 'the Evangelicals out there on the spot' that George Hoffman mentioned were several doctors supported by Tear Fund. One of Pete Meadows's most striking poster motifs was entitled *The Doctors,* lifting the title of a popular TV series running at the time on BBC1. During 1970 Pete's posters had moved away from the bitty newsy 'What is Tear Fund?' approach and begun to major on one aspect of Tear Fund's work. So this poster centred its attention on four doctors and Tear Fund's support for missionary medical work overseas. The doctors were Dr. Richard Gardner, of Ghorveh Hospital, Iran; Dr. Jeffrey Newth of Kigeme Hospital, Rwanda; and Dr. Dale Snyder and Dr. Michael Paterson, both working in South America.

Medical work takes a large chunk of Tear Fund money each year, and these four were only representative of the many others: among them Dr. Julian Richardson in Turkey; Dr. Ian Lewis in Ethiopia; Dr. Bill Gould in Nepal, and Dr. David Carling on Lake Chad.

It would be impossible to do justice to every medical project, but two which have received extra special attention from Tear Fund supporters are those pioneered by Dr. Jeffrey Newth and Dr. David Carling. These were spotlighted in some of the first project materials which Tear Fund produced. Also Bill Latham had been able to visit both doctors and see what Tear Fund money was achieving or going to achieve.

Bill had been responsible first for resolving the impasse that existed, when he joined the staff, about providing projects for groups to support. He admits he was aware of the snags: 'You couldn't link umpteen groups with a project and expect one poor over-worked missionary to send back weekly reports and bits of information to keep the interest going.' The compromise suggestion was that Tear Fund would give materials about projects on the understanding that, after the initial pack of information, there would be occasional news flashes and feed-backs only as and when the opportunity arose.

Having reached this decision, two types of project materials were produced: one designed for general national distribution, such as the 'giftwrap a clinic for Christmas' posters, usually Pete Meadows' handiwork; the other designed for groups to support, and sent only on request, with materials designed by Ian Davis. The Tear Fund Sunday project-raising support for four agriculturalists came under the first heading; providing equipment for a hospital launch, digging wells in Upper Volta, or supporting a TB patient's stay in hospital for a year came under the second. The Upper Volta well-digging had younger supporters particularly in mind. Bill Latham was concerned that there seemed little in the way of visual aids for Sunday-school use. Ian Davis's design illustrated the depth of the well, marking off the money needed, and leaving the supporter to fill in the appropriate space as the money was collected.

The first 'general' project came as a result of Bill's other hat, as he calls it. When he and Cliff were visiting South Africa in 1970, Bill was able to stop off on the way home and visit Entebbe, Uganda, and also Rwanda and Burundi. Principally he was visiting Kigeme, in Rwanda and the work of Dr. Jeff Newth at the mission hospital. 'And it was while I was there that the whole idea of basing our Christmas promotion around building a Kwashiorkor (severe malnutrition) clinic began to take shape. Jeff was at that time producing a report for Oxfam in the hope that funds might be forthcoming, but there was some uncertainty whether Oxfam would be able to help. Jeff decided to ask us. I was so enthused with the idea that I enthused the others.' Bill's report to Tear Fund filled in the detail: 'Kigeme is generally accepted as the Rwanda Mission station with the most desperate material needs, especially in its hospital work run by two men, Dr. Jon Henderson and Dr. Jeffrey Newth. The hospital building itself presents the greatest headache. It is 35 years old and in a state of serious disrepair. Its foundations are crumbling and bared, the interior is drab. It is the lack of room, however, that presents an urgent problem. At present there is an epidemic of typhoid and no isolation room. Typhoid patients are therefore in the same general ward as children with Kwashiorkor, whose resistance to disease is well below par . . .'

But Jeffrey Newth, who lives with this problem daily in his work, is the one to explain: 'There are many many hundreds of children who die of Kwashiorkor in this area. If you take just a walk on the hills around the hospital, the chances are that in one afternoon you may see at least one or two children suffering from the disease. Some of them may be having treatment at the nutritional centres that the Catholics are beginning to run. Others may have tried at the witch-doctor's for help.

'I remember one child we had who was related to one of our hospital workers. This child had been given to the grandmother, when the father left the mother, and had Kwashiorkor because grandmother wasn't able to feed it properly. Eventually mother came and took the child away from grandmother, then took it to three witch-doctors in turn to try and cure it. And nothing happened. After three tries at this local type of medicine, the child came into the hospital here, and was cured over a period of two months.

'The crunch is that if Kwashiorkor is not treated — the child dies, either because he gets another infection, pneumonia or measles or whooping cough, or because he already has another illness hacking away at him. And these diseases are going to become more common as the population of Rwanda increases. Are we, as Christians, going to sit and watch it happen, or are we going to go out and meet the need? That is the challenge of this situation as I see it.

'We know that a population explosion in this country is coming. At least half the population is under the age of fifteen, and they are all going to have families of about seven or eight children. And I've heard that famine is almost a certainty within the next ten years . . . and malnutrition and Kwashiorkor are two sad side effects of that.

'Tear Fund's gift has enabled the building of a permanent clinic and allowed us to start the most important work we think we can do: getting to grips with the problem of malnutrition.

'We estimated about £8,000 was needed originally, for just the buildings alone. Then when we had an expert look at the plans and give us another estimate the figure was £9,500 still for the building alone! so when we heard that we had been allocated £10,000 by Tear Fund, we felt we were very fortunate. In fact, the bills have not finished coming in, but I think we will have completed the building and the furnishings for less than our £10,000 budget, and we have managed that by cutting down on excessive items. It is a tribute also to our building team.

'Furthermore, we are missionaries and work in the church situation in Rwanda. God has blessed the church and the work. We believe that Jesus Christ, whom we follow, is interested in the problems of the people where they live. He is not just interested in their spiritual needs. There are many organisations trying to tackle the problem, leaving God out of it. We feel this is a mistake, and we were very happy when Tear Fund became involved in this work. We want our health-education centre to illuminate the whole man, not just the body, and we will be teaching the gospel to the mothers and fathers who come along.'

Bill Latham found his visit to Kigeme was a turning point in his sense of involvement in Tear Fund. For him there is no substitute for being personally involved in the situation and seeing at first-hand the potential of what Tear Fund can do and the calibre of the people on the spot. His own comments on Jeff Newth's work and influence stressed that he saw no conflict between the missionary's medical-social work and his spiritual ministry. 'You just cannot separate the two, and in Jeff Newth's case he is doing his work so positively in the context of evangelism.

'I remember sitting in his clinic one evening and watching people just pour in from the hospital — patients who had got out of bed and so on — and people coming from the neighbouring villages and hills. They crammed into this place for a totally impromptu testimony-cum-Bible study meeting. I couldn't understand a word of it, but Jeff translated for me. Here were these young Christians giving testimony to God's dealings with them, and expounding passages in Romans and Hebrews, in a way that to me seemed just inexplicable, without the work of the Holy Spirit.'

21. PROGRESS WITH PROJECTS

'This man has been suffering with these bladder stones for nineteen years, and this was the first opportunity for him to have them removed,' Dr. David Carling told Bill Latham as they sat in the floating hospital-launch after a busy day of dealing with the first operations on board. The floating launch was berthed at the side of Lake Chad and Bill was witnessing the completion of another of Tear Fund's projects — in fact the first specific project supplied to groups of the fund's supporters. Ian Davis designed the large wall-chart illustrating the needs both physical and financial, and the project pack was circulated in late 1970. The target was to help the Sudan United Mission complete and equip a floating operating theatre.

In 1971 in mid-March Bill was able to report 'This weekend, the launch *Albarka* begins her long haul to Africa. Fully equipped with operating table, sterilisers, freezers, X-ray tanks and the like, she is doing the journey in four stages — under her own power to Greenock, by road to Liverpool, by carrier-ship to Port Harcourt in Nigeria, and then by rail to Lake Chad.'

Bill had been present with a small group of spectators when Dr. Carling's mother performed the traditional 'christening' ceremony for the launch, on the Island of Bute where she was built. It was fitting that he should be in at the first operation on the launch, and even more fitting that he should act as chief fly-swatter during the day's activities!

Dr. Carling's gratitude to Tear Fund was expressed in terms of what the launch would mean to the local people. 'Today's operation meant this man's suffering has been relieved, a man who is already coming to the services at our dispensary and showing interest in the gospel. Surely this could be the means of him really coming through to faith in the Lord Jesus Christ. He is a Moslem teacher whose life has been spent in propagating the Moslem faith and also helping people medically, to the limits of his ability — which is by and large quite useless.

'This whole project is something that has been planned for many months, if not years, and at last we can see if it works. Our plans for the launch depend to some extent on African missionaries based at the dispensaries around the Lake, and we need someone to be permanently or semi-permanently on the boat as it travels round to these dispensaries. As the boat moves to each of these, the doctor will fly there, do an operating list and look in on his other post-operative cases at the other dispensaries around the Lake, then return to his home-base hospital. The boat's nursing staff will see to the after-care and re-sterilising before she is moved on to the next dispensary, where in ten days' time, the doctor will fly in again.

'We felt this was the best possible use of the launch and the only solution to the crying medical needs of the area. Lake Chad is a vast inland sea — I think the name "lake" is a misnomer. Many hundreds of square miles in area, there are some 80,000 Buduma people inhabiting the islands on the Lake, and 250,000 other tribal people living around its shores. Besides the medical work that we are doing, there is just nothing.

'The people who saw that first surgery here today, are obviously quite amazed and thrilled at what can be done. I think the work is going to snowball and grow amazingly. The people have never seen anything like it before and we are thankful to God that these early operations done on board have been successful and the patients are doing well.'

As a kind of postscript to all that has been said about providing project-packs, it is only fair to see how the groups of Tear Fund supporters received and supported them. The launch was in use on Lake Chad, but was the money for it coming in to Tear Fund's accounts? In all, Tear Fund contributed some £8,750 towards this project, £16,000 having been raised already by SUM. By far the largest gift in response to the project materials came from Northern Ireland, the Carolan Grammar School, Belfast: 'Thank you for your most interesting display of posters concerning Dr. Carling's launch on Lake Chad. We enclose a cheque for £500, and hope this will help to buy an operating theatre or other necessary equipment. We had a sponsored walk and our Headmistress gave us most enthusiastic support.'

In all, though, it would appear that the project's supporters were a bit slow off the ground. A letter explaining the financial support for the project and dated September 15th, 1971 reads: 'So far out of a total amount promised to SUM of £8,000, approximately only £1,943.26 has actually been received by Tear Fund from donors. This means that enough money has been collected to pay for the actual operating theatre, but there is still plenty more needed.'

But the slow start did not deter Bill from pushing ahead with other 'project-pack' ideas and suggestions for future visual aids. Education was very much in his mind, and graphs, charts, and maps revealing world needs and how Tear Fund is seeking to help, have been added to the stocks over the past three years. Three particular items have in Bill's estimation helped more than anything to 'educate' Tear Fund supporters, the sound-strip — 'we started with twenty-four copies, not quite sure what the demand would be and now have over 75 copies in constant use'; *Tear Times* with its rising circulation figure and 40,000 copies printed; and George Hoffman's recording of his visit to the refugee camps: 'It was Pete Meadows' idea that George's tape should be made into a record, and he got Pye to help us. They managed to slot it into their usual schedule somehow, and it was produced amazingly quickly in great numbers — many thousands of copies.' By late 1971 the Tear Fund mailing list had grown to 7,000 — and that Christmas 50,000 Christmas-project leaflets were distributed.

Bill's concern was particularly the youth scene, and one advertisement and feature about Tear Fund materials appeared in the July-September 1971 issue of *Teaching Teenagers*, the Scripture Union Sunday school syllabus issued quarterly. 67 letters resulted. The materials were requested for Crusader classes, Girl Covenanters, Bible study groups, Pathfinders, a church's 'young teens' groups, a CU in a laboratory, and Sunday school classes. Most of the letters came from England, just a few from Ireland, and three from overseas: Montreal, Canada; Johannesburg, South Africa; and from a corporal serving with the RAF in BFPO 40.

The list of novel fund-raising ideas grew as fast as letters from young enthusiastic supporters arrived: 'After you visited my school (Dunstable Grammar School) there was the tragic disaster in Pakistan. So I helped arrange a subbuteo (soccer) competition. Subbuteo is a miniture(!) football team. We charged a shilling to enter, and had prizes of 2/6 first prize and 1/6 second prize. The winners put the money back into the funds. I am pleased to say we raised 16/6 (33 people entered) and our family made it up to £1. So I enclose a £1 note towards the Pakistan Relief Fund.' 'Our school's Junior Christian Union committee have decided that for this year's charity fund-raising project we would donate the rewards of our efforts to Tear Fund. We aim to raise money by doing helpful work for some of our neighbours, such as car-washing, hedge-cutting and fruit picking.' 'This Crusader class is planning to hold a sponsored Tiddly-winks competition and I should be glad if you would supply some material and collecting boxes.'

In Abingdon, a more ambitious effort was organised by the local churches — a Sponsored Starve-In to raise funds not only for Tear Fund, but also for Christian Aid and Oxfam. In Sutton Coldfield, four-footed animals seemed to inspire great effort: 'We would like to start a fund for Tear and have in mind a target for March 1971 of £200 — £250. Have you any special needs?' — 'We' being the 'Sunday Night at 8' youth fellowship of the local Baptist church. Bill Latham was able to reply that Dr. Ian Lewis needed mules to help with his medical work in Ethiopia. Back came the reaction: 'I put it to the group re. the Mules for Dr. Ian Lewis in Ethiopia and they thought the idea is great. We are hoping to raise the money for two if possible. We have just raised £250 for a Guide Dog for the Blind so you see Mules at £150 are quite a good buy. We are going in for bigger things!' And they duly reached their target of £300 for two mules — but more of that in the next chapter.

The last word on sponsored fund-raising is surely the effort of Mark Sharman, who left the steps of St. Paul's Cathedral in August 1971 to walk to Jerusalem in aid of Tear Fund and Christian Aid. Mark, a twenty-one-year-old student and former Communist, completed his 2,000 miles of foot slogging at the end of January 1972 having met 'many expressions of incredulity, several accusations of insanity, done 21 weeks of walking at 17 miles a day, been through 6 pairs of shoes, 2 rucksacks, 2 fat candles, 1 Bible, 2 mouth organs, and experienced thousands of acts of kindness, numerous thunderstorms, many prayers and many letters.' Mark's comment on the whole effort: 'It was a mini-life-time, with its crises, its periods of great struggle, its times of great joy, its ceaseless onward movement. But both its power and its leadership were in the gift and the presence of God from the beginning to the end.'

22. THANK YOU, TEAR FUND

'Your wonderful consignment of clothing and blankets has now arrived in Aqaba, and the clearance of the bales is in the hands of our agents here in Amman. We hope they will soon be delivered to their final destination under our roof, when the work of sorting and bundling will begin immediately. We thank you so much for all your society has done to keep us supplied with goods and money, enabling us to carry on with this relief project.'

This letter of acknowledgement from Mrs. Doris Whitman in Amman, Jordan, announcing the arrival of the EAR fund's first consignment of relief supplies in late 1967, was to be the beginning of a lengthy and rewarding correspondence. Mrs. Whitman's letters came with great regularity and were always helpful and to the point, giving the committee details of how money or goods were used, and indicating fresh needs. Tracing the progress of this project during the five years until the Whitmans returned to Britain in late 1971 reveals some poignant stories. There is Zahra, for instance: 'I would like to mention one family about which we are really concerned at this time. The father died last summer after months in hospital with leukaemia, leaving a widow and seven children. This poor woman has no UN ration card, and I do not know how she lives — she was sent to me by the Government Social Welfare department. She has somehow built a little lean-to of tar barrels, old corrugated iron and mud, but she says it leaks badly. We are having a large tent made for her, to cover the hut completely and this should make conditions a little less miserable for her.'

Mrs. Whitman's concern for Zahra continues through a number of her 'thank-you' letters:

'We were delighted to get your letter and share Zahra's gratitude for this wonderful supply of her need. We interviewed the builders immediately and got them started on the work . . . Zahra has a most imposing house of one room and a verandah which could be used as a second room. They did this without consulting us at all, but I must say that the house once finished will be a lasting blessing to the whole family . . . We have put in strong iron doors and window frames for security and Zahra has set her heart on tiles for the floor instead of cement . . . A number of used tiles were given to her but they are insufficient.'

'Many thanks once again for the Tear Fund's generous response to our latest request. With this money we have been able to complete the payments on Zahra's house and the little family moved in and have been living in it for some time now. Of course it was very damp at the beginning and water was oozing through the walls, so to deal with this we bought Zahra a drip-stove burning paraffin with pipes going across the room. Now they are much more comfortable. Every time it rains I think of her and am so thankful they are safely housed, and so happy, though still in great poverty.'

'Before mentioning any new cases I will report to you on Zahra, for whom you built the house. She and the seven children came through the recent warfare alive, but not unscathed. Two of the little girls were severely wounded (and in hospital for some time), when a shell struck the neighbour's house where they were sheltering. They have recovered, but bear terrible scars on their bodies. Zahra's house was badly shot up by machine gun bullets and has not yet been repaired. They were in such a dangerous quarter that she and the same neighbours decided to build an underground shelter before anything else.'

Though the Whitmans have returned to Britain, the work of relief and rehabilitation organised by the Free Evangelical

Church of Amman continues, as does the troubled situation in Jordan.

In May 1969 Tear Fund donated their first gift for rehabilitation work in North Thailand, a work being carried out by missionaries with the Overseas Missionary Fellowship among the Meo tribes, many of whom had become Christians. Writing from Thailand Robin Talbot, the missionary on the spot, thanked Tear Fund and explained the need more fully: 'We were so thrilled and filled with gratitude to hear of your generous gift. The Meo Christians, having prayed for some months concerning their daily bread, will be so encouraged to learn of this provision.

'The Meo Christians are at present split up into four groups. Three of these are in temporary camps for refugees. The other group are Meo who escaped with us and then resolved to go to our Bible school for three years and trust God to supply their needs. Two of the refugee camps, Nong Say and Nakarnthai, are receiving a little from the government in the way of rice and vegetables, but the other two, New Yellow Creek and Phayao Bible School, are receiving no help. Food is a priority for the latter two, though all need cloth to make clothes, and seed to plant. Soon we hope they may be settled semi-permanently and so we hope to buy basic stock in the way of pigs and chickens ... We hope to get most of the people on to money-making projects e.g. planting marketable vegetables, raising chickens and pigs, and also doing embroidery work for tourists.'

'We are so grateful to you for your further generous help to the Meo at this time,' Robin Talbot wrote in August 1969. 'It will fan out in real encouragement to the Christians as we are able to help them. We hope that very soon the Meo will be given permanent sites to live in and then we will be able to help set them up in their new "home" . . . The seven refugee families who reached our Bible school are most grateful for the help you've given as they escaped with nothing, and have no means of livelihood whilst studying. We have been able to buy sacks of rice and some breeding stock.'

Thank-you letters have come very consistently from another missionary in South East Asia, Dr. Stuart Harverson, writing from Vietnam about his work among the Hrey tribes and his orphanage based near Danang. As early as September 1967 he was acknowledging gifts from EAR Fund, and over the years a picture of the stresses and strains — and the rewards — of the work has been conveyed.

'I am so grateful to you for the further allocation of £150 for the Hrey work . . . At the moment we are so thankful the Lord has permitted us to remain on here, in spite of the evacuation of so many non-military personnel . . . Nai (a Christian Hrey assistant) has had to use large sums of money to buy food for our ninety orphans, and to try and help some of the refugees burnt out (by the Vietcong) who keep coming to our door. A bag that costs 630 piastres in Danang now costs 4000 pistres in Ha-Bac (that is for 100 lbs of rice).

'During the last half of May I was in Ha-Bac and watched our student nurses distributing relief rice to refugees. We had been able to buy the rice with some of your generous gifts. Some of these Hrey tribal refugees are blind or almost so, and many are old and very infirm, so if we were not in a position to help them they would certainly die. We are able also to cope with epidemics of bubonic plague, and cholera.

'I'm enclosing a few snapshots of the ex-Communist guerillas and their families, getting one of their periodic hand-outs of rice at our orphanage. Isn't it wonderful to think that just a week or two before this these men were out to shoot us? Now they have handed over their weapons to our District Chief and are settling into our hamlets as peaceful farmers! Your funds have helped to supply this rice. Thank you so much. "Blessed are the peacemakers".'

Another regular correspondent is Dr. Ian Lewis of the Churches' Ministry among the Jews, working at Gondar, Ethiopia, whose letters are usually full of delightful touches of humour and artistic attempts at illustration. 'I have been down to Addis Ababa twice since I returned. On the first occasion I bought an English generator with the money you have so kindly given. It is a Lister petrol generator, six kilowatts, and we had much fun and games bringing it back in the Land-Rover to Ma'cha. We have installed it there ourselves and it is going very satisfactorily. It is difficult to exaggerate how thrilled we are with it! In addition to the generator which is joined to the clinic and to all the other houses on the compound, we have also bought an electric water-pump which again we have attached to the well ourselves. It is pumping water when the generator is on, sufficient to supply the clinic and all the needs of the compound. It is wonderful to have continuous water at a flick of a switch.'

'Thank you for the letters for the Customs. I think that they will be satisfactory. We are now eagerly awaiting the actual arrival of the ambulance/dispensary. The other day when I was bumping over our rough road taking a couple of patients in our Land-Rover pick-up, I just longed for the (Tear Fund) ambulance. The father of one of the patients was sitting in the front with me, whilst his little boy of four was convulsing with every bump. The little fellow had tetanus and we had to stop twice to see whether he was still alive. Unfortunately, he died about an hour after reaching hospital. The other patient was a boy of nine with a smashed elbow that had not been treated for three weeks. It was fortunate that the pick-up was around to take them, for most of the time it is not at the Clinic and patients have to be carried the four or more hours' walk to hospital.'

Turning from the sublime to the ridiculous, Dr. Lewis's next thank you letter switches attention from Land-Rovers to mules: 'Thank you for your letter about the mule train. It is a really wonderful sum for a young people's group to raise. We propose to buy three mules, together with saddles and bridles.

The latter items will, I hope, be foreign and therefore more comfortable than local ones. Then we reckon that the money over and above this will pay for a keeper for the mules and food for them for three years. This is a really wonderful provision. I am writing direct to the group also, and meanwhile many thanks to Tear Fund for its help once again.'

And from the ridiculous to the sublime: 'Two weeks ago I collected the Land-Rover Dispensary/Ambulance from Massona. It is now safely registered, insured and at work at Ma'cha. It is a very wonderful vehicle and we are thrilled with it.'

What with 'shopping lists' of knitting wool, seeds, ploughs, mules, etc. it is not surprising that George Hoffman comments: 'I'm sure when the Bishop ordained me we had little idea that I would be totting up costs for mules, buffalos and ploughs ten years' later!'

23. WHERE TO END?

'The phenomenal success of the Evangelical Alliance Relief Fund has revealed how deeply concerned Evangelicals really are about human need,' wrote the Revd. Gilbert Kirby in *The Life of Faith* in 1971, and as the fund continues to expand and progress this appears to be increasingly so.

But how to end? Where to stop? That is the problem facing anyone writing a 'progress report' on a living, growing organism like Tear Fund. There are so many more strategic developments that could be included in detail: the many promising aspects of growing international ties with Australia and New Zealand; the European Evangelical Alliance and the World Evangelical Fellowship; the strengthening of the 'consultancy' situation on the home front, with John Farrow of John Laing Construction joining the committee in April 1971 and Dr. Darling, Principal of Wye College, Kent, accepting the fund's invitation to become agricultural consultant in September; the increase in the number of worthwhile projects submitted — by September, for the first time, Charles Phillimore was forced to admit that there were more projects on the agenda than funds in the kitty — and the necessity to engage more staff as 1971 and 1972 progressed — all this revealed that growth was a reality in all areas of the fund. By the end of 1971 three new members of staff had joined the six who had moved from Bedford Place: two full-time secretaries to help in the despatch department and with acknowledging gifts, and a part-time accountant to aid the finance department. As the fund entered 1972 further developments were envisaged: the employment of a 'youth secretary', the setting up of a projects department with a 'home secretary' servicing the various projects, three more Tear Fund concerts around the country — and the very real prospect of moving offices to find more space.

But perhaps the logical place to pause is with the end of an era, paying tribute to the man whose untimely death robbed Tear Fund, and the Evangelical Alliance, of one of its most deeply-loved employees. Charles Phillimore, who died in hospital on December 16th, 1971, had given the last three years of his life unstintingly to Tear Fund, and to the welfare of all the staff of the Evangelical Alliance. He gave of himself so readily that individuals in every department of the Alliance felt he was keenly interested and concerned for them. Coupled with this sense of caring was his meticulous attention to detail; the orderly state of his office and files was only a part of his nature. But, above all else, Charles Phillimore was a pastor. Before he joined the staff of Tear Fund in Autumn 1968 he had served for fourteen and a half years as pastor of a church in the new town of Basildon, Essex, pioneering the work there. Previously he had been honorary pastor at Downe, Kent, and later while working full time with the fund, he was appointed pastor of Salem Strict Baptist Church in Richmond, Surrey — and this was a man with heart trouble! In more senses than one, the healthy condition of Tear Fund at his death paid fitting tribute to his gifts and dedication.

But tribute must also be paid to other departments for the contribution the fund has made and is making to the evangelical scene in Britain — and the useful role it is playing overseas. Perhaps George's success over the Southern Sudan situation illlustrates the growing respect for Tear Fund in general. Here George's particular brand of 'stickability' (or is it stubbornness?) revealed itself as well-founded. Having found very little support from other sources for his concern for the grim situation in the Southern Sudan, George refused to be daunted and pressed hard on those around who could find out the facts and make them public, and meanwhile Tear Fund sent in funds to those able to help.

In April 1971 George was duly invited to join the Sudan group, formed under the auspices of the Conference of British Missionary Societies, chaired by Canon Max Warren. Canon John Taylor of the Church Missionary Society reported on his recent visit to East Africa and confirmed that there was indeed a grave situation within the Sudan.

By September growing international co-operation over the situation was becoming evident when Danish Church Aid asked Tear Fund to arrange a meeting with a representative from 'Bread for the World', the American Church World Service and Dr Basil Chaplin who had been advising Tear Fund concerning the troubled situation. A consortium on the Sudan issue was then set up, and at its second meeting in December in Amsterdam, attended by George, it included the original four agencies and Dutch Church Aid, Norwegian Church Aid and observers from Christian Aid and the World Council of Churches. Not only did the consortium set in motion a considerable relief operation, 120,000 dollars' worth of medical aid and first aid relief for the refugees, but it also expressed appreciation for Tear Fund's 'catalyst' role in the enterprise.

The final stroke came in April 1972 when 'after a succession of diplomatic exchanges between North and South Sudan, a cease fire was at last agreed, bringing to an end seventeen years of fighting and suffering for millions,' wrote George in *Crusade* magazine. The cease fire gained headlines in the world's press, which had at last recognised the situation for what it really was — the oppression of one group of peoples by another. 'Full credit for these successful yet delicate negotiations should be paid to the World Council of Churches who acted as a mediator between the two parties. Tear Fund also made their modest peace-making contribution in supporting one of the key Southern Sudanese representatives, a Christian refugee who has played a significant part in the protracted negotiations behind the scenes.'

The promotion and publicity department of the fund came in for some encouragement also, when Eric Jay of Christian Aid visited the offices in late 1971. He not only expressed his surprise at the modest size of Tear Fund in view of the wide selection of materials the fund produced, but he also felt that the materials were of such a quality that he wanted to recommend them to others. Considering the size of Christian Aid and their resources — 92 full-time staff and an income of two and a half to three million pounds a year — Pete Meadows, Ian Davis and Bill Latham could consider this quite a compliment.

But — looking ahead — what did Tear Fund foresee for the future? Bill, not long back from his third 'Tear Fund trip', the first made solely on behalf of the fund, was full of what he saw in the six West African countries he had visited. In particular he was encouraged by the good use made of Tear Fund money. 'We ask ourselves the question "Can missionaries do the job in the long-term? Isn't real future development going to be done by the governments concerned?"

'I can only say that, in every country I visited, I heard of, or saw, major government schemes that are tragically useless — a set of complex and sophisticated wells put in at great expense, a government hospital, funds supplied to a village to put in a water supply. All too often the money had apparently been wasted — the wells were being used as rubbish tips, the hospital was derelict, the money for the water supply had been spent paying for the village chiefs to go to Mecca. These are only a few instances besides seveal I was told about. Yet whilst sometimes the vast official aid schemes are undermined by ulterior motives and lack of genuine concern for the people, often it is the missionary who is best placed to introduce and implement some new technique or improvement.

'The future? In Senegal I saw two projects that we hope may receive Tear Fund support — both agricultural, where we will be working through missionaries with the Worldwide Evangelization Crusade.

'But the whole purpose of the visit was to educate me and enable me to collect information, tape recordings, photographs, for future use. We are currently making more Tear Fund soundstrips and materials using some of this. Then on the Work Camp front, we consider the 1972 Work Camp at Nazareth to be the likely pattern for future camps — feeling confident that this camp is geared to relieve suffering in a positive Christian context.'

George Hoffman is keen to look ahead to a future when other countries can offer Tear Fund a national Christian, or national Christian body, as a home-grown link with the fund. 'The most encouraging contact has been with Ben Wati and the Evangelical Fellowship of India. During the past two years I've appreciated his tremendous spirit of co-operation and he will cable us if he sees the need. If I write or cable him with questions he replies promptly and fully. He gives us a very clear assessment of situations each time.

'But there are others too — Dian van Mieng and the Evangelical Church of Vietnam who has visited us in London and whom we hope to help again in Saigon. In Africa we have similar evangelical leaders who are able and ready to advise us.'

The last word is given to Morgan Derham who was, so to speak, in at the very beginning. He reported the surprising fact that Tear Fund was always looking for suitable projects to support within the British Isles. 'The fund does not see itself as just for overseas. We in Britain are a part of the world — there is no reason why, if a suitable project is found, relief could not be given to those in need in this country. The trouble is, no one has come up with a suitable project yet. And this I think would be a breakthrough for us. If some Christian group was able to suggest doing something practical about, say, the housing problem in London, or about rehabilitation in Northern Ireland, we would be glad to consider it.

'I don't foresee Tear Fund growing until it is as big as Christian Aid or Oxfam — nor would we want it to be. The evangelical community is much smaller and the fund is limited to that extent; but we've got a long way to go till we reach our peak!

'I'd say, crudely, that if none of the money we have disbursed ever reached anywhere, and none of the goods ever got anywhere; if the whole thing were poured down a bottomless pit; it would still be worth while. Because it is giving Evangelicals in Britain a way of expressing a concern for the world — and this is important to their health as Christians. But I also think Tear Fund represents the kind of specialist agency which is the shape of things to come in missions abroad. And Tear Fund can serve overseas, where missionaries cannot, in some cases.

'For myself, I would like to see a lot more long-term development. I would still like to see some way to encourage Christians to invest their money in a "low return" type of investment trust, by which capital would be put to good use overseas. I would also like to see a steady flow of good projects — the missionary societies have been a bit slow off the ground here.

'Finally, I would like to see Tear Fund continue to unite Evangelicals in the act of giving — I think that it is good to hold the evangelical community together as we unite in showing Christian concern and compassion. Tear Fund provides a basic structure for evangelical co-operation.'

For further information regarding Tear Fund write to 19 Draycott Place, London SW3 2SJ.